高等教育自学考试·江苏人力资源管理专业

课程代码:30584

编写依据任正臣《员工培训管理》

员工培训管理

全真模拟试卷

王福庚　主编

镇江

目　录

员工培训管理全真模拟试卷

员工培训管理冲刺押题试卷

参考答案

出版说明

“自考树”系列图书终于面世了！“自考树”是一家知名自考在线教育品牌，与传统的图书出版公司不同的是，它具有产品迭代、反馈迅速、口碑传播等互联网产品的特点。除此以外，“自考树”更具有强烈的人文情怀精神，其精美的封面设计，以及上面的“让每一个自考生，都成长为一棵大树！”便强烈地验证了这一点。

江苏省版的自考人力资源教材长期缺少题库试卷，给自考生增加了很大的困难，因此我们特地编写了本套自考辅导丛书。

本套丛书具有以下特点：

1. 权威编写，助学自考

本套丛书的作者是王福庚老师，他是知名教育培训机构新世界讲师、汉唐教育培训机构讲师。王老师原先是一名自考生，通过自己的努力，一次性成功通过三个专业考试，最后考上了南京农业大学硕士研究生。他培训的学员，通过率高达98%以上。

2. 紧扣大纲，精准押题

本套丛书涵盖了大纲所有的知识点、考核点，作者和研发人员对自考教材进行了透彻的分析，掌握了出题规律，编写了精准的模拟题和冲刺押题。

3. 社群互动，超值服务

我们开发了一套强大的社群系统，供使用者相互监督，相互学习，相互分享。同时，我们提供了学历查询、考分查询、真题下载、资讯分享等超值服务。

图书在版编目（CIP）数据

员工培训管理全真模拟试卷 / 王福庚编. —镇江：江苏大学出版社，2017.8
ISBN 978-7-5684-0564-5

Ⅰ. ①员… Ⅱ. ①王… Ⅲ. ①企业管理—职工培训—习题集 Ⅳ. ①F272.92-44

中国版本图书馆 CIP 数据核字(2017)第 200586 号

员工培训管理全真模拟试卷
Yuangong Peixun Guanli Quanzhen Moni Shijuan

主　　编/王福庚
责任编辑/韦雅琪　柳　艳
出版发行/江苏大学出版社
地　　址/江苏省镇江市梦溪园巷 30 号（邮编：212003）
电　　话/0511-84446464（传真）
网　　址/http://press.ujs.edu.cn
印　　刷/南京百花彩色印刷广告制作有限责任公司
开　　本/787mm×1 092mm　1/8
印　　张/7.75
字　　数/160 千字
版　　次/2017 年 8 月第 1 版　2017 年 8 月第 1 次印刷
书　　号/ISBN 978-7-5684-0564-5
定　　价/39.80 元

如有印装质量问题请与本社营销部联系（电话：0511-84440882）

密 封 线 内 不 要 答 题

准考证号：________ 姓名：________ 座号：________

员工培训管理
全真模拟试卷(一)

(考试时间:150 分钟)

题 号	一	二	三	四	五	六	总分
题 分	25	5	5	15	30	20	
得 分							

第一部分 选择题

得 分	评卷人

一、单项选择题。(本大题共 25 小题,每小题 1 分,共 25 分)

1. 将员工培训划分为技能培训、知识与企业文化培训、态度与思维培训的划分标准是(　　)。

A. 培训的实施者不同　　B. 培训方式的不同

C. 培训的内容不同　　D. 培训的对象不同

2. 由于企业员工所从事的工作不同,所要求的标准也有所不同,因此,员工培训的内容和形式应该结合员工的年龄、知识储备、个人能力等实际情况,考虑个人的工作性质、工作任务、职位特点,根据不同员工的需求进行有针对性的培训。这一培训原则是(　　)。

A. 目标导向原则　　B. 按需培训的原则

C. 与实践相结合的原则　　D. 注重培训效果评估和转化的原则

3. 企业提升现有员工素质和能力的主要手段是(　　)。

A. 招聘与甄选　　B. 员工关系管理　　C. 绩效管理　　D. 培训与开发

4. 员工培训管理流程的第二步是(　　)。

A. 员工培训计划的制订　　B. 员工培训需求分析

C. 员工培训的实施　　D. 员工培训效果的评估

5. 被称为美国科学管理之父的是(　　)。

A. 梅奥　　B. 德鲁克　　C. 泰勒　　D. 吉尔布雷斯

6. 学习者将概括程度处在较低水平的概念或命题,纳入自身认知结构中原有概括程度较高水平的概念或命题之中,从而掌握新学习的有关概念或命题。这种学习被大卫·奥苏伯尔称为(　　)。

A. 上位学习　　B. 下位学习　　C. 并列结合学习　　D. 平行学习

7. 美国密歇根大学的麦克鲁斯基于 1963 年首次提出的理论是(　　)。

A. 余力理论　　B. 熟练理论　　C. 认知同化理论　　D. 社会学习理论

8. 将学习应用于相似的情境中的培训迁移被称为(　　)。

A. 水平迁移　　B. 垂直迁移　　C. 近迁移　　D. 远迁移

9. 培训需求分析的主要目的是(　　)。

A. 提供可供选择的解决问题的方法　　B. 了解员工个人需求

C. 决定培训的成本和价值　　D. 确认差距

10. 目前最为广泛流行的培训需求分析的模型是(　　)。

A. Goldstein 模型　　B. 胜任力特征模型

C. 培训需求差距分析模型　　D. 前瞻性培训需求分析模型

11. 确定培训计划最重要的依据是(　　)。

A. 培训对象　　B. 培训方式　　C. 培训需求　　D. 培训费用

12. 属于间接培训费用的是(　　)。

A. 场地费　　B. 交通差旅费

C. 外聘教师讲课费　　D. 受训人员的工资

13. 在培训的预算方法中,根据企业的培训需求来确定一定时限内必须开展的培训活动,分项计算经费,然后加总求和的预算法称为(　　)。

A. 传统预算法　　B. 零基预算法　　C. 比例预算法　　D. 需求预算法

14. 一般认为，人的素质包括政治思想素质、科学文化素质、心理品格素质和身体素质四大方面，其中的关键素质是(　　)。

A. 身体素质　B. 心理品格素质　C. 政治思想素质　D. 科学文化素质

15. 企业基于自身特定的性质、任务、宗旨、时代要求和发展方向，并经过精心培养而形成的企业成员群体的精神风貌属于企业文化内容中的(　　)。

A. 企业精神　B. 企业哲学　C. 价值观念　D. 企业形象

16. 团队精神的基础是(　　)。

A. 协同合作　B. 全体成员的向心力、凝聚力

C. 尊重个人的兴趣和成就　D. 个人利益和整体利益的统一

17. 企业在选择培训方法时，不能单一地从企业利益方面考虑，还需要切实关注员工个人的需求，达到企业和员工的双赢状态。这一选择员工培训方法的原则是(　　)。

A. 以人为本原则　B. 因材施教原则　C. 可行性原则　D. 科学性原则

18. 围绕一定的主题，通过向受训者讲授某个特定的案例，引导受训者对其进行讨论、思考和分析，共同探求解决问题的方案的培训方法被称为(　　)。

A. 游戏法　B. 模拟法　C. 角色扮演法　D. 案例分析法

19. 利用三维体验技术来进行的培训方法被称为(　　)。

A. 网络培训　B. 计算机辅助培训　C. 虚拟现实培训　D. 远程培训

20. 由于企业战略调整而使企业培训回报减少而产生的培训风险叫(　　)。

A. 企业战略风险　B. 成本风险　C. 质量风险　D. 服务风险

21. 特别适用于模拟培训的培训成果转化理论是(　　)。

A. 同因素理论　B. 认知转化理论　C. 激励推广理论　D. 成人学习理论

22. 培训成果转化的中间环节是(　　)。

A. 培训对象确定　B. 培训项目设计　C. 营造工作氛围　D. 培训项目执行

23. 在培训效果评估的层次中，最重要也是最困难的评估是(　　)。

A. 反应评估　B. 学习评估　C. 行为评估　D. 结果评估

24. 评估者在培训结束以后亲自到受训者所在的工作岗位上，通过仔细观察，记录培训对象在工作中的业绩并与培训前进行比较，以此来衡量培训对受训者所起到的作用。这属于培训效果评估的定性方法中的(　　)。

A. 目标评价法　B. 工作标准评价法　C. 观察法　D. 比较法

25. 培训评估报告中的主要部分是(　　)。

A. 概述评估实施的过程和方法　B. 阐明评估结果

C. 讨论、分析评估结果　D. 结论

得　分	评卷人

二、多项选择题。(本大题共5小题，每小题1分，共5分)

26. 新兴的培训需求分析方法主要有(　　　　　)。

A. 基于胜任力的培训需求分析法　B. 缺口分析　C. 绩效分析法

D. 任务和技能分析方法　E. 问卷调查法

27. 企业文化的功能主要有(　　　　　)。

A. 导向功能　B. 约束功能　C. 凝聚功能

D. 激励功能　E. 辐射功能

28. 培训师选择的原则有(　　　　　)。

A. 择优聘用原则　B. 突出重点原则　C. 双重管理原则

D. 经济原则　E. 公开选拔原则

29. 新员工入职培训的目的有(　　　　　)。

A. 消除疑虑　B. 了解企业　C. 适应环境

D. 顺利工作　E. 信息反馈

30. 高尔文提出的CIPP评估模型的架构为(　　　　　)。

A. 情景评估　B. 投入评估　C. 过程评估

D. 行为评估　E. 产出评估

密封线内不要答题

第二部分　非选择题

得　分	评卷人

三、填空题。（本大题共5小题，每小题1分，共5分）

31. 根据企业的战略目标，对员工的薪酬支付原则、薪酬策略、薪酬水平、薪酬结构进行确定、分配、调整的过程被称为________。

32. 美国学者汤姆·W·戈特将"现实状态"与"理想状态"之间的"差距"称为"________"。

33. 广义上讲，管理技能培训包括管理者素质的培训和管理者________的培训两个方面。

34. 模拟培训可分为模拟设备培训和________培训两类。

35. 柯克帕特里克提出，可以从四个方面来评估培训的效果，它们是受训者的反应、学习成果、工作行为和________。

得　分	评卷人

四、名词解释。（本大题共5小题，每小题3分，共15分）

36. 员工培训

37. 员工培训计划

38. 工作轮换法

39. 头脑风暴法

40. 培训效果评估

得　分	评卷人

五、简答题。（本大题共5小题，每小题6分，共30分）

41. 简述员工培训的特点。

42. 简述培训需求分析的特点。

43. 简述员工培训内容确定的原则。

44. 简述培训师选择的标准。

45. 简述影响培训成果转化的因素。

得　分	评卷人

六、论述题。(本大题共 2 小题,每小题 10 分,共 20 分)

46. 论述我国企业员工培训存在的主要问题及对策调整。

47. 论述培训效果评估的原则。

准考证号:________ 姓名:________ 座号:________

密 封 线 内 不 要 答 题

员工培训管理

全真模拟试卷(二)

(考试时间:150 分钟)

题 号	一	二	三	四	五	六	总分
题 分	25	5	5	15	30	20	
得 分							

第一部分　选择题

得 分	评卷人

一、单项选择题。(本大题共 25 小题,每小题 1 分,共 25 分)

1. 员工培训的基础和前提是(　　)。

A. 人力资源规划　B. 员工关系管理　C. 薪酬管理　D. 招聘与甄选

2. 员工培训管理流程的最后一个流程是(　　)。

A. 员工培训计划的制订　B. 员工培训需求分析

C. 员工培训的实施　D. 员工培训效果的评估

3. 1943 年,美国人本主义心理学家马斯洛提出了著名的(　　)。

A. X－Y 理论　B. 需求层次理论　C. 学习型组织理论　D. 强化理论

4. 诺克斯于 1980 年提出的成人学习理论是(　　)。

A. 熟练理论　B. 余力理论　C. 培训迁移理论　D. 认知同化理论

5. 人力资本理论的代表人物是(　　)。

A. 亚当·斯密　B. 阿尔弗雷德·马歇尔

C. 加里·贝克尔　D. 欧文·费希尔

6. 对于引进新技术、安装新系统、增设新职位的培训需求非常合适的培训需求分析方法是(　　)。

A. 基于胜任力的培训需求分析方法　B. 任务和技能分析方法

C. 关键事件法　D. 缺口分析

7. 在员工培训计划的确定方式中,适用于企业供应型培训的是(　　)。

A. 培训会议讨论　B. 企业领导决策　C. 部门经理沟通　D. 培训文件传阅

8. 属于间接培训费用的是(　　)。

A. 场地费　B. 外聘教师讲课费　C. 交通差旅费　D. 机会成本

9. 在每个预算年度开始时,将所有还在进行的管理活动都看作重新开始,即以零为基础,根据组织目标,重新审查每项活动对实现组织目标的意义和效果,并在费用—效益分析的基础上,重新排出各项管理活动的优先次序。这种制定培训预算的方法是(　　)。

A. 传统预算法　B. 零基预算法　C. 比例预算法　D. 需求预算法

10. 培训内容必须对企业未来经济发展趋势、未来企业人才需求做出准确分析和预测,提前为企业的人才需要做好准备。在员工培训内容确定的原则中,这一原则被称为(　　)。

A. 超前性原则　B. 实践性原则　C. 多元性原则　D. 灵活性原则

11. 在遗传素质基础上,受后天环境、教育的影响,通过个体自身的体验认识和实践磨炼,所形成的比较稳定的、内在的、长期发生作用的基本品质结构称为(　　)。

A. 气质　B. 性格　C. 素质　D. 个性

12. 在企业文化的内容中,一个企业特有的从事生产经营和管理活动的方法论原则属于(　　)。

A. 企业精神　B. 团体意识　C. 价值观念　D. 经营哲学

13. 现代管理学之父彼得·德鲁克认为,在现代经济中,已经成为真正的资本和首要财富的是(　　)。

A. 知识　B. 土地　C. 自然资源　D. 货币资本

14. 企业在选择培训方法时,要根据企业的实际情况包括企业现有的培训设施、培训预算和人力资源管理部门的综合能力等因素综合考虑。这属于选择员工培训方法的原则中的(　　)。

A. 因材施教原则　B. 以人为本原则　C. 可行性原则　D. 科学性原则

15. 通过向受训者展示与播放图片、音频、影像、幻灯片等视听资料进行培训的一种方法被称为(　　)。

A. 专题讲座法　B. 视听教学法　C. 课堂讲授法　D. 讨论法

16. 通过企业的内部网或因特网进行知识的储存和传递,再经由浏览器对受训者进行声音、图像、视频等培训内容展示的培训方法称为(　　)。

A. 远程培训　B. 计算机辅助培训　C. 虚拟现实培训　D. 网络培训

17. 在培训过程中具体承担培训任务,向受训者传授知识与技能的人被称为(　　)。

A. 企业高层管理者　B. 接受培训者　C. 培训者　D. 培训管理者

18. 既有丰富的理论知识,又有丰富的实践经验及丰富的阅历、经历和资历的培训师称为(　　)。

A. 卓越型培训师　B. 专业型培训师　C. 讲师型培训师　D. 技巧型培训师

19. 在培训时段里,企业为受训者群体支付的工资、福利等被称为(　　)。

A. 直接成本　B. 沉没成本　C. 机会成本　D. 间接成本

20. 属于培训过程中的风险的是(　　)。

A. 知识更新风险　B. 专有技术泄密风险

C. 人才流失风险　D. 质量风险

21. 新员工入职培训的第二个目的是(　　)。

A. 了解企业　B. 消除疑虑　C. 适应环境　D. 顺利工作

22. 培训成果转化的最终途径是(　　)。

A. 培训对象确定　B. 培训项目设计　C. 营造工作氛围　D. 培训项目执行

23. 在培训效果评估的原则中,最重要的原则是(　　)。

A. 客观性原则　B. 重视培训结果原则

C. 可行性原则　D. 实用性原则

24. 目前培训效果评估模型中最有影响力的是(　　)。

A. Kaufman 的五层次评估模型　B. CIRO 评估模型

C. CIPP 评估模型　D. 柯氏四层次培训评估模型

25. 在培训效果评估信息数据中,属于硬性数据的是(　　)。

A. 组织氛围　B. 质量　C. 满意度　D. 创造性

得　分	评卷人

二、多项选择题。(本大题共 5 小题,每小题 1 分,共 5 分)

26. 奥苏伯尔提出的人类存在的有意义学习的类型包括(　　　　)。

A. 词汇学习　B. 概念学习　C. 命题学习

D. 继续学习　E. 理论学习

27. 人力资本投资的内容或范围分为(　　　　)。

A. 医疗保健　B. 在职培训　C. 正式教育

D. 成人学习项目　E. 就业迁移

28. 传统培训需求分析的方法主要有(　　　　)。

A. 任务和技能分析法　B. 关键事件法　C. 经验判断法

D. 问卷调查法　E. 观察法

29. 创新的形态包括(　　　　)。

A. 产品(服务)创新　B. 技术创新　C. 管理创新

D. 组织与制度创新　E. 文化创新

30. 培训成果转化的基本形式有(　　　　)。

A. 依样画瓢　B. 举一反三　C. 融会贯通

D. 组织管理　E. 自我管理

密　封　线　内　不　要　答　题

密封线内不要答题

第二部分 非选择题

得 分	评卷人

三、填空题。(本大题共5小题,每小题1分,共5分)

31. 根据培训内容的不同,可以将员工培训划分为技能培训、知识与企业文化培训和__________培训等多种形式。

32. 培训迁移理论认为,迁移动机、迁移设计和__________是影响培训迁移的三种主要变量。

33. 培训需求有三个层次:组织层次的培训需求、__________的培训需求和人员层次的培训需求。

34. 加强员工培训已成为时代的迫切要求和企业__________的根本。

35. 培训效果评估是最常见的一种评估,主要包括对受训者反应的评估、对受训者学习成效的评估、对受训者行为的评估和对__________的评估等。

得 分	评卷人

四、名词解释。(本大题共5小题,每小题3分,共15分)

36. 员工培训需求分析

37. 年度培训计划

38. 角色扮演法

39. 定量评估法

40. 员工培训制度

得 分	评卷人

五、简答题。(本大题共5小题,每小题6分,共30分)

41. 简述员工培训的目的。

42. 简述培训需求分析的作用。

43. 简述培训计划书编写的注意事项。

44. 简述选择培训场所应注意的问题。

45. 简述营造有利于培训转化的工作氛围的途径。

得　分	评卷人

六、论述题。(本大题共 2 小题,每小题 10 分,共 20 分)

46. 论述人力资本理论的主要贡献。

47. 论述企业在培训成果转化中的执行障碍。

密　封　线　内　不　要　答　题

座号：________ 姓名：________ 准考证号：________

密 封 线 内 不 要 答 题

员工培训管理

全真模拟试卷(三)

(考试时间:150 分钟)

题 号	一	二	三	四	五	六	总分
题 分	25	5	5	15	30	20	
得 分							

第一部分　选择题

得 分	评卷人

一、单项选择题。(本大题共 25 小题,每小题 1 分,共 25 分)

1. 员工培训的(　　)是指员工培训必须立足并服务于企业的经营发展战略。

A. 目的性　　B. 针对性　　C. 层次性　　D. 灵活性

2. (　　)是指企业拥有自己的培训团队和培训场所,具备必要的培训设施和系统,培训由企业自主举办。

A. 全脱产培训　　B. 在职培训　　C. 企业内部培训　　D. 外包式培训

3. 20 世纪 30 年代美国的心理学家(　　)进行了著名的霍桑实验。

A. 费兰克·吉尔布雷斯　　B. 费雷德里克·泰勒

C. 乔治·埃尔顿·梅奥　　D. 道格拉斯·麦格雷戈

4. 培训迁移过程的第三个阶段是(　　)。

A. 培训前动机　　B. 学习　　C. 培训绩效　　D. 迁移结果

5. (　　)就是通过与被访人员进行面对面的交谈来获取培训需求信息的一种方法。

A. 问卷调查法　　B. 观察法　　C. 访谈法　　D. 经验判断法

6. 培训分析实施的最后阶段是(　　)。

A. 培训分析实施的最后阶段　　B. 制订培训需求分析计划

C. 开展培训需求分析　　D. 撰写培训需求分析报告

7. (　　)是书面沟通的形式中的重要形式之一。

A. 培训会议讨论　　B. 部门经理沟通　　C. 企业领导决策　　D. 培训文件传阅

8. 在岗位专业技能所包含的指标中,(　　)是指岗位作业复杂程度和掌握操作所需的时间长短。

A. 技术知识要求　　B. 操作复杂程度

C. 看管设备复杂程度　　D. 品质质量难易程度

9. (　　)主要对应于服务行业。

A. 发展战略创新　　B. 产品创新　　C. 技术创新　　D. 管理创新

10. (　　)是指岗位胜任者和绩效卓越者所需的实际操作技能。

A. 工作素质　　B. 工作技能　　C. 岗位能力　　D. 管理技能

11. (　　)是在进行课程整理设计的基础上,具体确定每一大单元的授课内容、授课方法和授课材料的过程。

A. 课程总体评价　　B. 课程阶段性评价　　C. 课程单元设计　　D. 课程整体设计

12. 选择员工培训方法的原则中,(　　)原则是指企业在进行培训方法的选择时应考虑到培训对象自身的特点。

A. 目标导向　　B. 多元化选择　　C. 因材施教　　D. 以人为本

13. (　　)是指受训者需要在规定的一段时间内变换工作岗位,从而获得不同岗位的工作经验的培训方法。

A. 工作指导法　　B. 工作轮换法　　C. 试听教学法　　D. 考察法

14. (　　)是一种利用三维体验技术来进行培训的方法。

A. 计算辅助培训　　B. 虚拟现实培训　　C. 远程培训　　D. 网络培训

15. 培训成果转化的第三个层面是(　　)。

A. 依样画瓢　B. 举一反三　C. 融会贯通　D. 自我管理

16. (　　)主要是指对将作为管理人员的新员工的培训,以提升管理技能为主。

A. 团队内培训　B. 公司经营内培训　C. 业务内培训　D. 基础管理内培训

17. 在进行培训师选择时,要遵循(　　)原则,这样就可以更具有针对性,体现培训的实用性。

A. 突出重点　B. 选优聘用　C. 公开选拔　D. 量才适用

18. 以下培训方法属于现场实践型培训方法的是(　　)。

A. 模拟法　B. 拓展培训法　C. 头脑风暴法　D. 工作轮换法

19. (　　)强调培训成果能否转化取决于受训者"回忆"所学技能的能力,适用于各种类型的培训内容和环境。

A. 同因素理论　B. 激励推广理论　C. 系统管理理论　D. 认知转化理论

20. 评估的(　　)原则是决定并保证评估活动正确取向的准则。

A. 方向性　B. 相符性　C. 可靠性　D. 客观性

21. (　　)是最重要也是最困难的评估。

A. 反应评估　B. 学习评估　C. 行为层面的评估　D. 结果层次的评估

22. (　　)主要包括建立培训档案和对各类培训资料进行分类分档,以方便决定以后的培训,以及为企业人力资源部进行人员考核、晋升、奖惩等提供重要依据。

A. 培训风险管理工作　B. 培训质量跟踪工作

C. 培训档案管理工作　D. 培训激励工作

23. 为了保证培训质量,提高培训(　　),培训后培训管理者要求对受训者进行考核、评价。

A. 效果　B. 回报率　C. 绩效　D. 结果

24. (　　)是培训的最后一个环节。

A. 营造积极的培训文化　B. 选择正确的培训模式

C. 培训的设计和执行　D. 培训效果评估

25. (　　)主要包括在培训时段里,企业为受训者群体支付的工资、福利等。

A. 直接成本　B. 机会成本　C. 沉没成本　D. 间接成本

得　分	评卷人

二、多项选择题。(本大题共 5 小题,每小题 1 分,共 5 分)

26. 员工培训的特点有(　　　　)。

A. 目的性　B. 针对性　C. 层次性

D. 灵活性　E. 客观性

27. 员工培训的原则有(　　　　)。

A. 服务于企业战略规划　B. 与实践相结合　C. 按需培训

D. 目标导向　E. 长期性原则

28. 制定培训预算的原则有(　　　　)。

A. 速度性　B. 客观性　C. 准确性

D. 经济性　E. 合作性

29. 团队精神的作用主要有(　　　　)。

A. 目标导向功能　B. 凝聚功能　C. 结果导向功能

D. 激励功能　E. 控制功能

30. 新员工入职培训的目的有(　　　　)。

A. 消除疑虑　B. 了解企业　C. 适应环境

D. 顺利工作　E. 信息反馈

第二部分　非选择题

得　分	评卷人

三、填空题。(本大题共 5 小题,每小题 1 分,共 5 分)

31. ____________是员工培训的基础和前提条件。

32. 在战略分析中,有三个邻域必须考虑到:组织优先权的改革、人事预测和____________。

33. ____________是每个培训项目具体需要花费的成本,是培训经费的核心内容。

密　封　线　内　不　要　答　题

密封线内不要答题

34. ______________是指课程各部分的组织和配合，即课程内容有机联系在一起的组织方式。

35. CIPP 模型的架构包括情境评估、投入评估、______________、产出评估。

得　分	评卷人

四、名词解释。(本大题共 5 小题，每小题 3 分，共 15 分)

36. 培训

37. 部门培训计划

38. 团队凝聚力

39. 培训效果评估标准

40. 计算机辅助培训

得　分	评卷人

五、简答题。(本大题共 5 小题，每小题 6 分，共 30 分)

41. 简述员工培训的目的。

42. 简述人力资本理论的贡献。

43. 简述员工岗位能力的培训要求。

44. 简述培训效果评估的流程。

45. 简述拓展训练法的优点。

得　分	评卷人

六、论述题。(本大题共 2 小题,每小题 10 分,共 20 分)

46. 试述加里・贝克尔对人力资本理论的重要贡献。

47. 试述培训效果评估的作用。

密　封　线　内　不　要　答　题

准考证号：________ 姓名：________ 座号：________

密 封 线 内 不 要 答 题

员工培训管理
全真模拟试卷(四)

(考试时间:150 分钟)

题 号	一	二	三	四	五	六	总分
题 分	25	5	5	15	30	20	
得 分							

第一部分 选择题

得 分	评卷人

一、单项选择题。(本大题共 25 小题,每小题 1 分,共 25 分)

1. 员工培训主要包括短期培训和(　　)培训等多种形式。

A. 中短期　B. 中期　C. 长期　D. 中长期

2. (　　)是指参加培训的员工在参加培训的过程中,并不完全与工作岗位脱离,只需要每个培训周期拿出一部分工作时间来参与学习的培训形式。

A. 外包式培训　B. 半脱产培训　C. 企业内部培训　D. 在职培训

3. 员工培训管理的第三个流程是(　　)。

A. 员工培训需求分析　B. 员工培训计划的制订

C. 员工培训的实施　D. 员工培训效果的评估

4. 1930 年起,以(　　)为代表的新行为主义理论开始产生。

A. 亚当斯　B. 美国　C. 斯金纳　D. 法国

5. 培训迁移过程的第一个阶段是(　　)。

A. 培训前动机　B. 学习　C. 培训绩效　D. 迁移结果

6. 组织人事部门的分析属于(　　)层次的培训分析。

A. 个体　B. 战略　C. 组织　D. 战术

7. (　　)是指承袭上年度经费预算,再加上一定比例的变动的预算方法。

A. 传统预算法　B. 灵基预算法　C. 比较预算法　D. 比例预算法

8. (　　)尤其适用于存在争议、分歧的培训计划,彼此都不认同对方的意见,处于僵持状态。

A. 培训会议讨论　B. 部门经理沟通　C. 企业领导决策　D. 培训文件传阅

9. (　　)强调的是操作技能,也就是实际动手、动笔的能力。

A. 工作素质　B. 工作技能　C. 岗位能力　D. 管理技能

10. (　　)是指从事自身管理范围内的工作所需的基本技术和具体能力方法。

A. 人际技能　B. 专业技能　C. 认知技能　D. 技术技能

11. 人的素质中,(　　)是核心。

A. 身体素质　B. 科学文化素质　C. 心理品格素质　D. 政治思想素质

12. (　　)是指从业者在一定生理和心理条件基础上,通过教育培训、职业实践、自我修炼等途径形成和发展起来的。

A. 文件素质　B. 职业素质　C. 工作经历　D. 工作经验

13. (　　)原则要求企业在选择培训方法时应遵循科学的程序,循序渐进、按部就班地进行。

A. 科学性　B. 可行性　C. 以人为本　D. 目标导向

14. (　　)是围绕一定的主题,通过向受训者讲授某个特定的案例,引导受训者对其进行讨论、思考和分析、共同探求解决问题的方案的一种培训方法。

A. 模拟法　B. 案例分析法　C. 头脑风暴法　D. 讨论法

15. (　　)是指受训者在事先设计好的户外环境中进行各种情景式训练,以开发综合素质与技能的培训方法。

A. 拓展训练　B. 试听教学　C. 现场实践　D. 工作轮换

16. 在进行培训师选择时，(　　)原则是指要全面综合地考核，优中选优聘用，目的就是达到最佳培训效果。

A. 突出重点　B. 择优聘用　C. 公开选拔　D. 量才适用

17. (　　)的主要目的是通过训练减少团队成员之间的陌生感，建立初步的信任，同时建立集体荣誉感。

A. 团队类培训　B. 公司经营类培训　C. 业务类培训　D. 基础管理类培训

18. (　　)是留住新员工的制胜法宝。

A. 融入企业培训　B. 公司经营类培训　C. 业务类培训　D. 基础管理类培训

19. 培训成果转化的第二个层面是(　　)。

A. 依样画瓢　B. 举一反三　C. 融会贯通　D. 自我管理

20. 一般来说，组织在培训中应用同因素理论最普遍的情况，是与(　　)有关的或操作程序方面的培训。

A. 设备应用　B. 人员测评　C. 机械制造　D. 网络技术

21. 在提高培训成果转化的策略中，关键是(　　)。

A. 营造积极的培训文化　B. 选择正确的培训模式

C. 培训的设计和执行　D. 培训效果评估

22. (　　)原则是指评估要易于被培训双方接受，评估所需费用和时间要比较合理等。

A. 方向性　B. 相符性　C. 可靠性　D. 客观性

23. (　　)是第二级评估，该层次的评估主要着眼于对学习效果的度量。

A. 反应评估　B. 学习评估　C. 行为层面的评估　D. 结果层次的评估

24. 培训标准制定的第一个阶段是(　　)。

A. 目标分解　B. 制定出具体标准　C. 表现讨论　D. 实验调整

25. 课程实施效果的好坏直接取决于(　　)。

A. 课程形式　B. 课程效果　C. 课程结构　D. 课程设计

得　分	评卷人

二、多项选择题。(本大题共5小题，每小题1分，共5分)

26. 课程企业培训职能部门的组件方式，可以将培训划分为(　　　)。

A. 学院模式　B. 客户模式　C. 矩阵模式

D. 企业办学模式　E. 虚拟培训组织模式

27. 如果在收集特殊需求信息时，对准确要求度不高，可以采用(　　　)来进行。

A. 小组讨论法　B. 访谈法　C. 态度调查法

D. 管理层调查法　E. 趋势研究法

28. 人力资本投资的内容或范围分为(　　　)。

A. 医疗保险　B. 在职培训　C. 正式教育

D. 成人学习项目　E. 就业迁移

29. 职业素质的主要特征有(　　　)。

A. 职业性　B. 稳定性　C. 内在性

D. 整体性　E. 发展性

30. 评估标准制定的阶段可以分为(　　　)。

A. 制订计划　B. 目标分解　C. 制定出具体标准

D. 表现讨论　E. 实验调整

第二部分　非选择题

得　分	评卷人

三、填空题。(本大题共5小题，每小题1分，共5分)

31. 行为主义理论认为具体的行为反应取决于具体的＿＿＿＿＿＿。

32. ＿＿＿＿＿模型是指担任某一特定的人物角色所需要具备的胜任特征的总和。

33. 知识储备方法主要包括内储和＿＿＿＿＿＿＿两种。

密　封　线　内　不　要　答　题

密封线内不要答题

34. 培训师主要有两大来源:企业外部聘请的专家和企业的______________。

35. ______________是指企业文化与时俱进、适时创新,以维系企业的发展,综合企业带来新的历史和时代意义。

得　分	评卷人

四、名词解释。(本大题共5小题,每小题3分,共15分)

36. 半脱产培训

37. 培训需求分析

38. 团队精神

39. 培训项目的效果

40. 创新

得　分	评卷人

五、简答题。(本大题共5小题,每小题6分,共30分)

41. 简述员工培训的意义。

42. 简述员工培训与员工招聘甄选的关系。

43. 简述培训需求产生的原因。

44. 简述建立内部培训师队伍的流程。

45. 简述现代化培训技术的特点。

得　分	评卷人

六、论述题。(本大题共 2 小题,每小题 10 分,共 20 分)

46. 试述培训计划给管理和控制带来的好处。

47. 试述培训效果评估报告撰写的要求。

密　封　线　内　不　要　答　题

密 封 线 内 不 要 答 题

准考证号:______ 姓名:______ 座号:______

员工培训管理

全真模拟试卷(五)

(考试时间:150 分钟)

题　号	一	二	三	四	五	六	总分
题　分	25	5	5	15	30	20	
得　分							

第一部分　选择题

得　分	评卷人

一、单项选择题。(本大题共 25 小题,每小题 1 分,共 25 分)

1. 员工培训的(　　)是指员工培训涉及组织的内部各个层次的成员。

A. 目的性　B. 针对性　C. 层次性　D. 灵活性

2. 员工培训的(　　)原则是指培训不应当仅仅注重培训的过程,更要注重培训结果的转化。

A. 按需培训　B. 长期性

C. 注重培训效果评估和转化　D. 目标向导

3. 员工培训管理的第一个流程是(　　)。

A. 员工培训需求分析　B. 员工培训计划的制订

C. 员工培训的实施　D. 员工培训效果的评估

4. 20 世纪 50 年代后期,美国著名行为科学家道格拉斯·麦格雷戈提出了(　　)。

A. X－Y 理论　B. 人本理论　C. 系统管理理论　D. 需求层次理论

5. 以下不属于建构主义学习理论的观点是(　　)。

A. 知识观　B. 情境观　C. 学生观　D. 学习观

6. 培训需求分析的最后一个流程是(　　)。

A. 做好培训需求分析的前期准备工作　B. 制订培训需求分析调整计划

C. 分析与输出培训需求结构　D. 培训需求分析调查的实施

7. 培训的最终目的是改进工作(　　)。

A. 环境　B. 气氛　C. 绩效　D. 策略

8. (　　)是管理的重点,是在总体目标既定的前提下的具体体现。

A. 单项培训计划　B. 年度培训计划　C. 部门培训计划　D. 多项培训计划

9. (　　)是沟通确认培训计划的一种重要方式,与会人员可将与培训相关的建议或者意见及时反馈给培训组织部门。

A. 培训会议讨论　B. 部门经理沟通　C. 企业领导决策　D. 培训文件传阅

10. 培训内容的(　　)必须考虑到心理健康培训的必要性,如自我认知、人际交往培训、压力缓解培训、挫折培训、职业生涯培训。

A. 超前性　B. 多元性　C. 技能性　D. 实践性

11. (　　)是指使用某一专业领域内有关的工作程序、技术知识完成管理任务的能力。

A. 工作素质　B. 工作技能　C. 岗位能力　D. 管理技能

12. 人的素质中(　　)是关键。

A. 身体素质　B. 科学文化素质　C. 心理品格素质　D. 政治思想素质

13. (　　)知识结构是以所学的专业知识为中心,与其他专业相近的、有较大相互作用的知识形成的网状连接,如蜘蛛网状。

A. 宝塔型　B. 蜘蛛网型　C. 幕帘型　D. 星型

14. (　　)是指团队对成员的吸引力,成员对团队的向心力,以及团队成员之间的相互吸引。

A. 团队合作　B. 团队精神　C. 团队凝聚力　D. 团队协作

15. (　　)是企业职工对企业存在的意义、经营目的、经营宗旨的价值评价和为之追求的整体化、个异化的群体意识。

A. 经营哲学　B. 企业价值观　C. 企业文化　D. 经营理念

16. (　　)适合于管理人员或技术人员了解专业技术发展方向或当前的热点问题。

A. 试听教学法　B. 专题讲座法　C. 课堂讲授法　D. 关键事件法

17. (　　)是通过实地考察,受训者直接观察客观事物,得到相关知识和信息的一种培训方法。

A. 工作指导法　B. 工作轮换法　C. 讨论法　D. 考察法

18. (　　)是指在培训过程中具体承担培训任务,向受训者传授知识与技能的人。

A. 培训管理者　B. 受训者　C. 培训讲师　D. 高层管理者

19. 成功的(　　)可以起到传递企业价值观和核心理念,塑造员工行为的作用。

A. 职业发展培训　B. 新员工入职培训　C. 岗位技能培训　D. 高层管理者

20. (　　)的目的是把新员工培养成为岗位人。

A. 融入企业培训　B. 岗位技能培训　C. 职业化培训　D. 职业发展培训

21. 培训成果转化的最终途径是(　　)。

A. 培训对象的确定　B. 培训项目设计　C. 营造工作氛围　D. 培训效果评估

22. 培训成果转化的第四层面是(　　)。

A. 依样画瓢　B. 举一反三　C. 融会贯通　D. 自我管理

23. (　　)主要适用于人际关系技能培训。

A. 同因素理论　B. 激励推广理论　C. 系统管理理论　D. 认知转化理论

24. 评估的(　　)原则是指评估应是长期的、连续的。

A. 可靠性　B. 相符性　C. 客观性　D. 连续性

25. 新员工入职培训的主要内容中的(　　)主要包括培训的目的与适用范围。

A. 培训机构与职责　B. 培训方式　C. 总则　D. 培训设施管理

得　分	评卷人

二、多项选择题。(本大题共5小题,每小题1分,共5分)

26. 根据培训方式的不同,可以将员工培训分为(　　　　)。

A. 全脱产培训　B. 半脱产培训　C. 在职在岗培训

D. 技能培训　E. 文化培训

27. 培训需求分析的途径主要有(　　　　)。

A. 战略分析　B. 主要任务、目标分析　C. 职务分析

D. 业绩分析　E. 现存问题分析

28. 员工培训内容确定的原则有(　　　　)。

A. 超前性原则　B. 多元性原则　C. 技能型原则

D. 实践性原则　E. 灵活性原则

29. 培训结束后的工作主要包括(　　　　)。

A. 培训考核　B. 颁发结业证书　C. 送别学员

D. 实施过程的检讨　E. 做好问卷调查并进行培训的跟踪

30. 以下属于硬性数据特点的有(　　　　)。

A. 可信度差　B. 在多数情况下是主观的　C. 一般是定量化的数据

D. 易测量　E. 比较容易转化为货币价值

第二部分　非选择题

得　分	评卷人

三、填空题。(本大题共5小题,每小题1分,共5分)

31. 根据培训的实施者不同,可以将员工培训分为企业内部培训和__________两种。

32. 确定特定职务的__________是培训需求评价的新趋势之一。

密　封　线　内　不　要　答　题

密封线内不要答题

33. 直接培训费用包括培训项目的运作费用和__________。

34. __________是最基本,也是最传统的一种培训方法。

35. __________的评估是培训的最后一个环节。

得　分	评卷人

四、名词解释。(本大题共5小题,每小题3分,共15分)

36. 新员工培训

37. 年度培训计划

38. 员工文化素质

39. 工作轮换法

40. 人际技能

得　分	评卷人

五、简答题。(本大题共5小题,每小题6分,共30分)

41. 简述员工培训的原则。

42. 简述员工培训在人力资源管理中的地位和作用。

43. 简述从哪几个方面评估岗位所需专业技能的水平。

44. 简述奖励的设置原则。

45. 简述对培训师培训的内容。

得　分	评卷人

六、论述题。(本大题共 2 小题,每小题 10 分,共 20 分)

46. 试论述培训需求分析的作用。

47. 试论述工作指导法的优缺点。

准考证号：________ 姓名：________ 座号：________

密 封 线 内 不 要 答 题

员工培训管理
全真模拟试卷(六)

(考试时间:150 分钟)

题 号	一	二	三	四	五	六	总分
题 分	25	5	5	15	30	20	
得 分							

第一部分 选择题

得 分	评卷人

一、单项选择题。(本大题共 25 小题,每小题 1 分,共 25 分)

1. ( )是指员工运用所学的知识解决实际问题的技巧和能力。

A. 素质 B. 技能 C. 认知 D. 知识

2. ( )是员工培训的基础和前提条件。

A. 人力资源规划 B. 薪酬管理 C. 绩效管理 D. 员工关系管理

3. 通过多种形式的员工培训,尤其是( )的培训,能够促进员工之间的相互了解和相互信任,减少冲突。

A. 员工素质 B. 企业文化 C. 经营理念 D. 员工关系

4. 1943 年美国人本主义心理学家马斯洛提出了著名的( )。

A. X－Y 理论 B. 人本理论 C. 系统管理理论 D. 需求层次理论

5. 培训迁移过程的第二个阶段是( )。

A. 培训前动机 B. 学习 C. 培训绩效 D. 迁移结果

6. ( )是一种为大家所熟悉的方法,它是以标准化问卷形式列出一组问题,要求调查对象就问题进行打分或做是非选择。

A. 观察法 B. 问卷调查法 C. 面谈法 D. 资料分析法

7. ( )通常的做法是参考同行业关于培训预算的数据。

A. 传统与算法 B. 零基预算法 C. 比较预算法 D. 比例确定法

8. ( )方式适用于企业供应型培训。

A. 培训会议讨论 B. 部门经理沟通 C. 企业领导决策 D. 培训文件传阅

9. 员工培训内容的( )是指培训内容的确定在注重专业知识、技能操作、结构比重组合的同时,更要突出客观实际需要。

A. 实践性原则 B. 灵活性原则 C. 技能性原则 D. 超前性原则

10. ( )是指把握与处理人际关系的有关技能。

A. 人际技能 B. 专业技能 C. 认知技能 D. 技术技能

11. 一般认为,人的素质中( )是物质基础。

A. 身体素质 B. 科学文化素质 C. 心理品格素质 D. 政治思想素质

12. ( )是指因环境状况和管理者的改变而改变管理方法。

A. 发展战略创新 B. 产品创新 C. 技术创新 D. 管理创新

13. 员工培训课程设计的本质为了进行( )。

A. 人力资源开发 B. 绩效管理 C. 薪酬管理 D. 员工关系管理

14. 以下培训方法不属于现场实践培训方法的是( )。

A. 工作指导法 B. 工作轮换法 C. 试听教学法 D. 考察法

15. 角色扮演的关键是( )。

A. 与培训目标相契合 B. 对过程进行有效控制

C. 排除受训者的心理障碍 D. 培训教师的引导和控制

16. (　　)的主要目的在于解决新员工面临的第一个疑问："我将要为一家什么样的公司服务？"

A. 组织分析　B. 人员分析　C. 工作分析　D. 个体分析

17. (　　)即当受训者在实际工作中遇到的问题或状况完全不同于培训过程中出现的情况时，也能回忆起培训中的学习成果。

A. 依样画瓢　B. 举一反三　C. 融会贯通　D. 自我管理

18. 培训成果转化的首要条件是(　　)。

A. 培训对象的确定　B. 培训项目设计　C. 营造工作氛围　D. 培训效果评估

19. 培训效果评估的原则中，最重要的原则是(　　)。

A. 可靠性　B. 相符性　C. 客观性　D. 连续性

20. (　　)即以书面的形式，拟定若干问题请有关人员填写、回答。

A. 工作态度调查表　B. 问卷调查法　C. 面谈法　D. 观察法

21. Phillips 的五层次 RIO 框架模型的第三层次评估是(　　)。

A. 学习　B. 在工作中的运用　C. 反应　D. 业务结果

22. 培训项目效果的(　　)是指培训工作对目标的实现程度。

A. 客观性　B. 有效性　C. 经济性　D. 效益性

23. (　　)主要以公司业务和项目介绍为主，同时介绍公司理念、经营管理方法、流程。

A. 团队类培训　B. 公司经营类培训　C. 业务类培训　D. 基础管理类培训

24. (　　)是指通过企业的内部网或因特网进行知识的储存和传递，再经由浏览器对受训者进行声音、图像、视频等培训内容展示的培训方法。

A. 计算机辅助培训　B. 试听教学　C. 远程培训　D. 网络培训

25. (　　)是通过向受训者展示与播放图片、音频、影像、幻灯片等试听资料进行培训的一种方法。

A. 试听教学法　B. 专题讲座法　C. 讲课教授法　D. 关键事件法

得　分	评卷人

二、多项选择题。(本大题共 5 小题，每小题 1 分，共 5 分)

26. 根据培训内容的不同，可以将员工培训划分为(　　　　)等多种形式。

A. 组织培训　B. 素质培训　C. 技能培训

D. 知识与企业文化培训　E. 态度与思维培训

27. 薪酬管理是根据企业的战略目标，对员工的(　　　　)进行确定、分配、调整的过程。

A. 薪酬支付原则　B. 薪酬策略　C. 薪酬水平

D. 薪酬结构　E. 薪酬层次

28. 员工培训计划的确定方式主要有(　　　　)。

A. 培训会议讨论　B. 部门经理沟通　C. 企业领导决策

D. 培训文件传阅　E. 电子邮件

29. 培训后的风险主要有(　　　　)。

A. 培训达不到应有的效果的风险　B. 人才流失风险

C. 为竞争对手培养人才的风险　D. 专有技术泄密风险

E. 知识更新风险

30. 培训效果评估信息收集的方法主要有(　　　　)。

A. 通过资料收集评估信息　B. 通过面谈访问收集评估信息

C. 通过观察收集评估信息　D. 通过调查问卷收集评估信息

E. 工作绩效

第二部分　非选择题

得　分	评卷人

三、填空题。(本大题共 5 小题，每小题 1 分，共 5 分)

31. 学习的基本特征包括以下 3 个基本观点：主动建构性、社会互动性和________。

32. 在决定培训需求信息收集方法时，首先可将培训需求分为一般需求和________。

密　封　线　内　不　要　答　题

33. 培训的最终目的是＿＿＿＿＿＿，减少或消除实际绩效与期望绩效之间的差距。

34. ＿＿＿＿＿＿是一个企业特有的从事生产经营和管理活动的方法论原则。

35. ＿＿＿＿＿＿制度是培训管理的首要制度。

得　分	评卷人

四、名词解释。（本大题共 5 小题，每小题 3 分，共 15 分）

36. 在职培训

37. 绩效管理

38. 管理技能培训

39. 远程培训

密　封　线　内　不　要　答　题

40. 课程整体设计

得　分	评卷人

五、简答题。（本大题共 5 小题，每小题 6 分，共 30 分）

41. 简述员工培训的历史演变过程。

42. 简述国内企业员工培训的调整对策。

43. 简述引起组织优先权改变的主要因素。

44. 简述课程讲授法的优缺点。

45. 简述新员工入职培训的重要性。

得　分	评卷人

六、论述题。(本大题共2小题,每小题10分,共20分)

46. 试论培训需求分析的目的。

47. 试述团队建设的主要内容。

密 封 线 内 不 要 答 题

准考证号:________ 姓名:________ 座号:________

员工培训管理
全真模拟试卷(七)

(考试时间:150 分钟)

题 号	一	二	三	四	五	六	总分
题 分	25	5	5	15	30	20	
得 分							

第一部分 选择题

得 分	评卷人

一、单项选择题。(本大题共 25 小题,每小题 1 分,共 25 分)

1. ( )是企业中具有专门的知识,能够帮助企业解决复杂问题的知识型员工。

A. 专业技术人员 B. 管理人员 C. 基层员工 D. 决策人员

2. 员工培训管理的最后一个流程是( )。

A. 员工培训需求分析 B. 员工培训计划的制订

C. 员工培训的实施 D. 员工培训效果的评估

3. 美国密歇根大学的麦克鲁斯基于 1963 年首次提出( )。

A. 成人学习理论 B. 熟练理论 C. 培训迁移理论 D. 余力理论

4. 贝克尔对人力资本理论的贡献在于注重微观分析,弥补了( )只注重宏观的缺陷,注意将人力资本投资理论与收入分配结合起来。

A. 诺尔斯 B. 斯金纳 C. 麦克鲁斯基 D. 舒尔茨

5. ( )可以用以考察工作过程和活动情况以发现潜在的培训需求。

A. 资料分析法 B. 问卷调查法 C. 关键事件法 D. 任务和技能分析法

6. ( )是每个培训项目具体需要花费的成本,是培训经费的核心内容。

A. 场地费 B. 培训器材、教材费 C. 培训项目运作费用 D. 交通差旅费

7. 以下不属于员工培训内容确定的依据的是( )。

A. 人员素质标准 B. 工作岗位标准 C. 生产质量标准 D. 企业的发展目标

8. ( )是指从事本专业工作,或从事类似本专业工作的年限。

A. 工作经历 B. 工作技能 C. 工作经验 D. 工作成果

9. 美国经济学家( )被称为“创新之父”。

A. 斯金纳 B. 亚当斯 C. 泰勒 D. 熊彼特

10. ( )是一个人的意识状态、思维活动、行为和作风所显示的思想、道德修养、品性、认知等。

A. 思想素质 B. 专业素质 C. 行为素养 D. 文化素质

11. ( )的基础是尊重个人的兴趣和成就,核心是协同合作。

A. 团队合作 B. 团队精神 C. 团队凝聚力 D. 团队协作

12. 企业培训方法的选择与运用应当遵循( )的原则。

A. 目标导向 B. 多元化 C. 因材施教 D. 以人为本

13. ( )是由一位资历较深、经验丰富的指导者在工作岗位上对受训者进行培训的方法。

A. 工作指导法 B. 工作轮换法 C. 试听教学法 D. 考察法

14. 培训需求分析的第二个流程是( )。

A. 做好培训需求分析的前期准备工作 B. 制订培训需求分析调整计划

C. 确定培训需求分析调整的内容 D. 培训需求分析调查的实施

15. 不论是从外部还是内部进行培训式的选择,都要遵循( )的原则。

A. 突出重点 B. 择优聘用 C. 公开、公正 D. 量才适用

16. ( )通过逐渐熟悉、适应组织环境和文化,明确自身角色定位,规划职业生涯发展,不断发挥自己的才能,从而推动企业的发展。

A. 新员工 B. 培训师 C. 受训者 D. 高层管理者

17. (　　)的目的是把新员工培养成为企业人。

A. 融入企业培训　B. 岗位技能培训　C. 职业化培训　D. 职业发展培训

18. 培训成果转换的第一个层面是(　　)。

A. 依样画瓢　B. 举一反三　C. 融会贯通　D. 自我管理

19. (　　)是由桑代克和伍德沃德提出来的,该理论认为培训成果转化取决于培训任务、材料、设备和其他学习环境与工作环境的相似性。

A. 同因素理论　B. 激励推广理论　C. 系统管理理论　D. 认知转化理论

20. (　　)原则是指评估活动要与组织目标相符、与主题资料相符、与教学方针相符、与受训者水平相符。

A. 方向性　B. 相符性　C. 可靠性　D. 客观性

21. (　　)最初是在欧洲被广泛采用,是一种非常独特的区分评估过程的方法,它比一般的培训评估的范围更宽泛。

A. CRO 模型　B. Phillips 的五层次 RIO 框架模型

C. Kaufman 的五层次评估模型　D. 柯氏四层次培训评估模型

22. 以下数据类型不属于硬性数据的是(　　)。

A. 产出　B. 质量　C. 成本　D. 满意度

23. 培训项目效果的(　　)是指培训工作给企业带来的经济效益和社会效益,而不仅仅是培训目标的实现程度。

A. 客观性　B. 有效性　C. 经济性　D. 效益性

24. 对受训者反应进行评估的主要方法是(　　)。

A. 访谈法　B. 问卷调查　C. 岗位轮换　D. 工作分析

25. (　　)的目的是把新员工培养成为职业人。

A. 融入企业培训　B. 岗位技能培训　C. 职业化培训　D. 职业发展培训

得　分	评卷人

二、多项选择题。(本大题共 5 小题,每小题 1 分,共 5 分)

26. 人力资源管理的主要职能有(　　　　)。

A. 人力资源规划　B. 招募和甄选　C. 培训与开发

D. 绩效管理　E. 员工关系管理

27. 收集平时的一般需求信息且精度要求不是很高,可以采用(　　　　)等方法来收集信息。

A. 小组讨论法　B. 管理层调查法　C. 观察法

D. 档案资料法　E. 趋势研究法

28. 一般认为,人的素质包括(　　　　)。

A. 政治思想素质　B. 科学文化素质　C. 心理品格素质

D. 身体素质　E. 职业素质

29. 下课后的收尾工作主要包括(　　　　)。

A. 检查培训后勤准备事项　B. 对培训情况进行回顾和评估

C. 在培训师讲课结束时做归纳　D. 与培训师交换意见

E. 清理、检查设备

30. 基本的培训制度包括(　　　　)。

A. 培训服务制度　B. 培训保证制度　C. 培训激励制度

D. 约束员工　E. 培训质量跟踪制度

第二部分　非选择题

得　分	评卷人

三、填空题。(本大题共 5 小题,每小题 1 分,共 5 分)

31. 影响培训迁移的主要变量有迁移动机、培训迁移设计和________。

32. 20 世纪 80 年代,有学者经过长期的研究,将培训需求评价方法系统化,指出培训需求评价应从三个方面着手,即组织分析、任务分析和________。

密 封 线 内 不 要 答 题

33. 岗位专业技能本质上是人的______________。

34. 员工培训的核心内容是培训的______________。

35. 激励主要包括：对员工的激励、对部门及其主管的激励和________________的激励。

得　分	评卷人

四、名词解释。(本大题共 5 小题，每小题 3 分，共 15 分)

36. 员工培训

37. 薪酬管理

38. 认知技能

39. 专题讲座

40. 新员工入职培训需求分析

得　分	评卷人

五、简答题。(本大题共 5 小题，每小题 6 分，共 30 分)

41. 简述员工培训与人力资源规划的关系。

42. 简述培训需求分析的一般流程。

43. 简述员工士气的影响因素。

44. 简述建立内部培训师队伍的必要性。

45. 简述游戏法的步骤。

得　分	评卷人

六、论述题。(本大题共2小题,每小题10分,共20分)

46. 试述工作轮换法的优点和局限性。

47. 试述凝聚力强的团队的特征。

密封线内不要答题

准考证号：________ 姓名：________ 座号：________

员工培训管理
全真模拟试卷(八)

(考试时间:150 分钟)

题 号	一	二	三	四	五	六	总分
题 分	25	5	5	15	30	20	
得 分							

第一部分　选择题

得 分	评卷人

一、单项选择题。(本大题共 25 小题,每小题 1 分,共 25 分)

1. 员工培训可以追溯到(　　)的学徒培训。

A. 15 世纪　C. 17 世纪　B. 16 世纪　D. 18 世纪

2. 19 世纪末至 20 世纪初,美国的科学管理之父(　　)和动作研究之父弗兰克·吉尔布雷斯等,最先强调对员工进行培训的重要意义。

A. 乔治·埃尔顿·梅奥　B. 弗雷德里克·泰勒

C. 马斯洛　D. 道格拉斯·麦格雷戈

3. (　　)是为了降低工作分析的成本,尽量利用原有的资料,以对每一项工作的任务、责任、权力、工作负荷、任职资格等有一个大致的了解。

A. 观察法　B. 问卷调查法　C. 面谈法　D. 资料分析法

4. (　　)主要是由部门负责人预先对本部门人力资源进行分析,整理出培训需求,结合部门的特色、未来发展需要、部门拥有的资源等因素,制订出来的培训计划。

A. 单项培训计划　B. 年度培训计划　C. 部门培训计划　D. 多项培训计划

5. 由于培训而带来的机会成本和生产力浪费属于培训预算中的(　　)。

A. 综合培训费用　B. 部门培训费用　C. 间接培训费用　D. 直接培训费用

6. 员工培训内容的(　　)是指培训内容的选择既要充分体现岗位资格所需要的实践环节、内容,又要体现交叉复合岗位和职业的实践内容、形式。

A. 超前性原则　B. 多元性原则　C. 技能性原则　D. 实践性原则

7. 在岗位专业技能所包含的指标中,(　　)是指岗位知识文化水平和技术等级要求。

A. 技术知识要求　B. 操作复杂程度

C. 看管设备复杂程度　D. 品质质量难易程度

8. 在员工文化素质培训的途径中,要将(　　)培训贯穿于技能培训始终。

A. 身体素质　B. 文化素质　C. 心理素质　D. 思想素质

9. (　　)是使企业文化与时俱进、适时创新,以维系企业的发展,给企业带来新的历史使命和时代意义。

A. 文化创新　B. 技术创新　C. 产品创新　D. 管理创新

10. 就职业素质来说,(　　)是职业素质的基础。

A. 思想素质　B. 专业素质　C. 行为素质　D. 文化素质

11. (　　)是针对某一专题或某一类人的培训需求所开发的课程架构。

A. 课程总体评价　B. 课程阶段性评价　C. 课程单元设计　D. 课程整体设计

12. (　　)是一个企业特有的从事生产经营和管理活动的方法论原则。

A. 经营哲学　B. 企业价值观　C. 企业文化　D. 经营理念

13. (　　)是通过让受训者在实际工作岗位和真实的工作环境中,亲身操作、体验,从而掌握工作所需的知识和技能的培训方法。

A. 视听教学法　B. 专题讲座法

C. 课堂讲授法　D. 现场实践型培训方法

14. (　　)主要负责本企业员工培训的计划、组织、控制、指挥等管理性工作。

A. 培训管理者　B. 受训者　C. 培训讲师　D. 高层管理者

15. 以下不属于培训过程中的风险的是(　　)。

A. 成本风险　B. 质量风险　C. 服务风险　D. 产品风险

16. 新员工入职培训需求的(　　)主要用于解决员工面临的另外一些疑问:“我将要从事的工作是什么样的? 我能不能胜任? 新同事容易相处吗?”

A. 组织分析　B. 人员分析　C. 工作分析　D. 个体分析

17. (　　)特别适用于模拟培训,例如案例研究、商务游戏、角色扮演等。

A. 同因素理论　B. 激励推广理论　C. 系统管理理论　D. 认知转化理论

18. (　　)即受训者能积极主动地应用所学的知识和技能解决实际工作中的问题,而且能以自我激励的方式去思考培训内容在实际工作中的应用。

A. 依样画瓢　B. 举一反三　C. 融会贯通　D. 自我管理

19. (　　)是培训的最后一个环节。

A. 营造积极的培训文化　B. 选择正确的培训模式

C. 培训的设计和执行　D. 培训效果评估

20. (　　)已经上升到组织的高度,即判断组织的经营效果是否因为培训而得到提高。

A. 受训者反应评估　B. 受训者学习成效评估

C. 受训者行为的评估　D. 组织绩效的评估

21. Phillips 的五层次 RIO 框架模型中,第一层次评估是(　　)。

A. 学习　B. 在工作中的运用　C. 反应　D. 业务结果

22. (　　)是培训管理的首要制度。

A. 培训保证制度　B. 培训质量跟踪制度

C. 培训服务制度　D. 培训激励制度

23. 以下数据不属于软性数据的是(　　)。

A. 组织氛围　B. 满意度　C. 时间　D. 工作习惯

24. (　　)与考评制度是紧密相关的,考评要根据质量跟踪的结果进行。

A. 培训保证制度　B. 培训质量跟踪制度

C. 培训服务制度　D. 培训激励制度

25. (　　)是一种相对评估法,包括纵向比较评估和横向比较评估两个方面。

A. 比较法　B. 问卷调查法　C. 面谈法　D. 观察法

得　分	评卷人

二、多项选择题。(本大题共 5 小题,每小题 1 分,共 5 分)

26. 根据员工培训对象的不同,可以将员工培训划分为(　　　　)。

A. 新员工培训　B. 基层员工培训　C. 半脱产培训

D. 专业技术人员培训　E. 企业内部培训

27. 培训需求分析的特点有(　　　　)。

A. 需求分析主体的多样性　B. 需求分析客体的多层次性

C. 需求分析的方法具有多样性　D. 需求分析结果的指导性

E. 需求分析的核心在于从差距中确定培训的必要性及培训的内容

28. 年度培训计划的制订过程包括(　　　　)。

A. 确立培训目标　B. 研究企业发展动态　C. 根据培训的目标分类

D. 决定培训课程　E. 年度培训预算规划

29. 新员工入职培训的内容设计的原则有(　　　　)。

A. 理论联系实际、学以致用的原则　B. 全员培训与重点提高的原则

C. 因材施教的原则　D. 讲求实效的原则

E. 激励的原则

30. 培训成果的转化方法包括(　　　　)。

A. 建立学习小组　B. 行动计划　C. 多阶段培训方案

D. 应用表单　E. 营造支持性的工作环境

第二部分　非选择题

得　分	评卷人

三、填空题。(本大题共 5 小题,每小题 1 分,共 5 分)

31. 培训需求分析的层次主要有个体层次、组织层次和________。

32. 美国学者汤姆·W·戈特将“现实状态”与“理想状态”之间的“差距”称为“________”。

密　封　线　内　不　要　答　题

33. 员工作为企业在职培训投资的物质载体，其工作年限是有限的，而知识和技术又是不断发展的，这就决定了人力资本具有明显的________。

34. ________是人才选用的第一标准，是职场制胜和事业成功的第一法宝。

35. 认知转化理论是以信息加模型作为其理论基础的，________是这一学习模型的关键因素。

得　分	评卷人

四、名词解释。（本大题共 5 小题，每小题 3 分，共 15 分）

36. 全脱产培训

37. 素质

38. 课堂讲授法

39. 培训效果评估

密　封　线　内　不　要　答　题

40. 外包式培训

得　分	评卷人

五、简答题。（本大题共 5 小题，每小题 6 分，共 30 分）

41. 简述人力资源管理的主要职能。

42. 简述现代企业员工培训的发展趋势。

43. 简述员工培训计划制订的影响因素。

44. 简述高层管理者在员工培训中的主要职责。

45. 简述团队合作的基础。

得 分	评卷人

六、论述题。(本大题共2小题,每小题10分,共20分)

46. 试述岗位专业技能的理解要点。

47. 论述案例分析法的优缺点。

准考证号：________ 姓名：________ 座号：________

密封线内不要答题

员工培训管理

全真模拟试卷(九)

(考试时间:150 分钟)

题　号	一	二	三	四	五	六	总分
题　分	25	5	5	15	30	20	
得　分							

第一部分　选择题

得　分	评卷人

一、单项选择题。(本大题共 25 小题,每小题 1 分,共 25 分)

1. 员工培训对于员工的收益在一定程度上可通过(　　)表现出来,对于在培训中表现出色的员工,相关部门应当及时地予以反馈。

A. 员工素质　　B. 薪酬　　C. 绩效　　D. 员工关系

2. 行为主义的学习理论产生于 20 世纪初期的(　　)。

A. 英国　　B. 美国　　C. 德国　　D. 法国

3. 培训迁移过程的最后一个阶段是(　　)。

A. 培训前动机　　B. 学习　　C. 培训绩效　　D. 迁移结果

4. 1979 年诺贝尔经济学奖的获得者(　　)是公认的人力资本理论的构建者,被誉为"人力资本理论之父"。

A. 弗兰克·吉尔布雷斯　　B. 弗雷德里克·泰勒

C. 西奥多·W·舒尔茨　　D. 道格拉斯·麦格雷戈

5. 最为广泛流行的循环评估模型是(　　)。

A. 前瞻性模型　　B. 胜任特征模型

C. 培训需求差距分析模型　　D. Goldstein 模型

6. 对于引进新技术、安装新系统、增设新职位的培训需求适合的方法是(　　)。

A. 资料分析法　　B. 问卷调查法

C. 关键事件法　　D. 任务和技能分析方法

7. (　　)是指在每个预算年度开始时,将所有还在进行的管理活动都看作重新开始,以零为基础,根据组织目标,重新审查每次活动对实现组织目标的意义和效果。

A. 传统预算法　　B. 零基预算法　　C. 比较预算法　　D. 比例确定法

8. (　　)指直接由企业领导针对企业的具体情况加以决策。该方式尤其适用于存在争议、分歧的培训计划,彼此都不认同双方的意见,处于僵持状态。

A. 培训会议讨论　　B. 部门经理沟通　　C. 企业领导决策　　D. 培训文件传阅

9. 员工培训内容的(　　)是指培训内容必须对企业未来经济发展趋势、未来企业人才需求做出准确分析和预测,提前为企业的人才需要做好准备。

A. 超前性原则　　B. 多元性原则　　C. 技能性原则　　D. 实践性原则

10. (　　)是指纵观全局,把握关键,扎实谋事的能力,也就是洞察组织与环境及其之间的相互影响及复杂性的能力。

A. 人际技能　　B. 专业技能　　C. 认知技能　　D. 技术技能

11. (　　)即对原有的发展战略进行变革,通过制定新的经营内容、新的经营手段、新的认识框架、新的管理体制、新的经营策略等,制定出更高水平的发展战略。

A. 发展战略创新　　B. 产品(服务)创新　　C. 技术创新　　D. 管理创新

12. (　　)描述的是员工在办公场所和面对顾客的时候展现出来的行为风格、精神风貌、言行举止、职业习惯等。

A. 思想素质　　B. 专业素质　　C. 行为素养　　D. 文化素质

13. (　　)是指一群有能力、有信念的人在特定的团队中,为了一个目标支持、合作与奋斗的过程。

A. 团队合作　　B. 团队精神　　C. 团队凝聚力　　D. 团队协作

14. (　　)适用于讲授相关学科知识、对行业领域的前沿理论进行系统了解的培训。

A. 视听教学法　　B. 工作指导法　　C. 课堂讲授法　　D. 关键事件法

15. (　　)是针对某一个专题知识或者热点问题，一般只安排一到两次培训，在较短的时间内将有效的信息传递给大量的听众。

A. 专题讲座　B. 视听教学　C. 现场实践　D. 工作轮换

16. (　　)的优点是参与性强，能够帮助受训者解决工作中的实际问题。

A. 模拟法　B. 拓展培训法　C. 头脑风暴法　D. 讨论法

17. 在进行培训师选择时，要遵循(　　)原则，这样就可以更具有针对性，体现培训的实用性。

A. 突出重点　B. 择优聘用　C. 公开选拔　D. 量才适用

18. (　　)包括项目管理、资源管理、财务管理等。

A. 团队类培训　B. 公司经营类培训　C. 业务类培训　D. 基础管理类培训

19. 调研发现，越来越多的跨国公司采用(　　)来分析公司的人员培训与发展需求。

A. 前瞻性模型　B. 胜任特征模型

C. 培训需求差距分析模型　D. Goldstein 模型

20. 培训成果转化的中间环节是(　　)。

A. 培训对象的确定　B. 培训项目设计　C. 营造工作氛围　D. 培训效果评估

21. (　　)是第一级评估，即课程刚结束时，了解受训者对培训项目的主观感觉或满意程度。

A. 反应评估　B. 学习评估　C. 行为层面的评估　D. 结果层次的评估

22. (　　)既是检验培训最终效果的手段同时也为培训奖惩制度的确立提供了依据。

A. 培训保证制度　B. 培训考核评估制度　C. 培训服务制度　D. 培训激励制度

23. 培训成果转化的中间环节是(　　)。

A. 培训对象确定　B. 培训项目执行　C. 培训项目设计　D. 营造工作氛围

24. (　　)是指那些与培训项目直接相关但不能或不应该转换成货币价值的培训收益。

A. 非货币收益　B. 货币收益　C. 机会成本　D. 风险收益

25. (　　)即受训者的工作内容和环境条件与培训完全相同时，才能将培训学习成果转移。

A. 依样画瓢　B. 举一反三　C. 融会贯通　D. 自我管理

得　分	评卷人

二、多项选择题。(本大题共5小题，每小题1分，共5分)

26. 奥苏伯尔提出了人类存在的主要的有意义学习的类型有(　　　　)。

A. 表征学习　B. 文化学习　C. 概念学习

D. 认知学习　E. 命题学习

27. 员工培训计划制订的依据中，企业培训的需求主要有(　　　　)。

A. 企业经营发展的总目标　B. 各部门的工作计划　C. 企业员工的素质状况

D. 现有培训资源的状况　E. 政府部门的要求

28. 培训课程设计的选择原则有(　　　　)。

A. 经济性与时效性相统一的原则　B. 过程性与结果性相统一的原则

C. 实用性与发展性相统一的原则　D. 学科化与生活化相统一的原则

E. 基础性与时代性相统一的原则

29. 新员工入职培训准备阶段的内容有(　　　　)。

A. 选择培训场地　B. 安排培训讲师　C. 选择培训方法

D. 配备培训设备　E. 准备培训资料

30. 员工培训制度的制定原则有(　　　　)。

A. 保证企业培训正常进行　B. 保证培训资源　C. 激励员工

D. 约束员工　E. 提高绩效

第二部分　非选择题

得　分	评卷人

三、填空题。(本大题共5小题，每小题1分，共5分)

31. ________即接受培训者将在培训的环境中学习到的知识、技能、态度等有效地应用到工作中去的程度。

32. 在选用培训方法时应以________为准，尊重培训本身的要求，切不可生搬硬套。

33. 专业素质重点描述作为职业人员顺利完成工作所必须具备的专业知识和能力，分为通用素养和________________。

34. ______________是第一级评估，即在课程刚结束时，了解受训者对培训项目的主观感觉或满意程度。

35. ______________指评估者在培训结束以后亲自到受训者所在的工作岗位上，通过仔细观察，记录培训对象在工作中的业绩并与培训前进行比较。

得　分	评卷人

四、名词解释。(本大题共5小题，每小题3分，共15分)

36. 人力资源规划

37. 培训计划表

38. 案例分析法

39. 员工培训制度

40. 培训成果转化

得　分	评卷人

五、简答题。(本大题共5小题，每小题6分，共30分)

41. 简述诺尔斯熟练理论的基本论点。

42. 简述培训需求分析的途径。

43. 简述员工培训与薪酬管理的关系性。

44. 简述选择培训场所应注意的问题。

45. 简述培训效果评估报告的内容。

得　分	评卷人

六、论述题。(本大题共2小题,每小题10分,共20分)

46. 试论制订培训计划要注意的问题。

47. 试论头脑风暴法的优缺点。

密　封　线　内　不　要　答　题

准考证号：________　姓名：________　座号：________

员工培训管理

全真模拟试卷(十)

(考试时间：150分钟)

题　号	一	二	三	四	五	六	总分
题　分	25	5	5	15	30	20	
得　分							

第一部分　选择题

得　分	评卷人

一、单项选择题。(本大题共25小题，每小题1分，共25分)

1. 员工培训的传统理论阶段是(　　)。

A. 19世纪末至20世纪初　B. 20世纪30—40年代

C. 20世纪50年代后期　D. 20世纪60年代中期至今

2. 素有"成人教育之父"的(　　)是美国著名的成人教育学家。

A. 诺尔斯　B. 斯金纳　C. 麦克鲁斯基　D. 布鲁纳

3. 人力资本最为重要的部分是(　　)。

A. 产品投资　B. 服务投资　C. 品牌投资　D. 教育投资

4. 培训需求分析的第一个流程是(　　)。

A. 做好培训需求分析的前期准备工作　B. 制订培训需求分析调整计划

C. 确定培训需求分析调整的内容　D. 培训需求分析调查的实施

5. 以下费用中不属于培训管理费用的是(　　)。

A. 场地费　B. 培训器材、教材费

C. 培训项目运作费用　D. 交通差旅费

6. (　　)一般只侧重于某个部门或某个专门的培训。

A. 综合性培训计划　B. 专项培训计划　C. 长期培训计划　D. 短期培训计划

7. (　　)是指在一个组织中绩效优异的员工所具备的能够胜任工作岗位要求的知识、技能、态度和经验。

A. 工作素质　B. 工作技能　C. 岗位能力　D. 管理技能

8. (　　)是指掌握和运用专门职业技术的能力，它是通过练习可获得的并能够完成一定任务的动作系统。

A. 人际技能　B. 专业技能　C. 认知技能　D. 技术技能

9. (　　)知识结构形如宝塔，由基本理论、基础知识、学科知识和前沿知识等构成。

A. 宝塔型　B. 蜘蛛网型　C. 幕帘型　D. 星型

10. (　　)是在职业活动中起决定性作用的、内在的、相对稳定的基本品质。

A. 文化素质　B. 职业素质　C. 工作经历　D. 工作经验

11. 行为素养的核心是(　　)。

A. 行为风格　B. 精神风貌　C. 言行举止　D. 职业习惯

12. (　　)是企业在生产经营实践中逐步形成的某种文化观念和历史传统，共同的价值准则、道德规范。

A. 经营哲学　B. 企业价值观　C. 企业文化　D. 经营理念

13. (　　)主要包括企业为举办培训活动，向培训公司和培训导师支付的现金报酬。

A. 直接成本　B. 机会成本　C. 沉没成本　D. 间接成本

14. 基于胜任力的培训需求分析方法是一种(　　)导向的分析方法。

A. 战略　B. 结果　C. 绩效　D. 战术

15. 培训需求分析的(　　)是以员工个体作为分析的对象。

A. 个体层次　B. 组织层次　C. 战略层次　D. 战术层次

16. (　　)是通过到工作现场，观察员工的工作表现，发现问题，获取信息数据。

A. 观察法　B. 问卷调查法　C. 面谈法　D. 资料分析法

17. 在制订年度培训计划时,首先要(　　)。

A. 根据培训的目标分类　　B. 研究企业发展动态

C. 规划年度培训预算　　D. 确立培训目标

18. 在(　　)运行的初期,企业需要花费较多的资金购置视听设备,编制或购买培训教材等,启动成本较高。

A. 视听教学法　　B. 专题讲座法　　C. 课堂讲授法　　D. 关键事件法

19. 岗位生产的产品品种的规格多少和质量要求的水平,体现对(　　)的要求。

A. 认知水平　　B. 专业水平　　C. 技能水平　　D. 素质水平

20. (　　)不仅指商业性地应用自主创新的技术,还可以是创新地应用合法取得的、他方开发的新技术或已进入公有领域的技术,从而创造市场优势。

A. 发展战略创新　　B. 产品创新　　C. 技术创新　　D. 管理创新

21. 彼得·德鲁克认为,在现代经济中,(　　)已经成为真正的资本和首要的财富。

A. 文化　　B. 素质　　C. 知识　　D. 技能

22. 目前最常见、也是最常用到的一种评估方式是(　　)。

A. 受训者反应评估　　B. 受训者学习成效评估

C. 受训者行为的评估　　D. 组织绩效的评估

23. (　　)是指将受训者召集到一起,开一次讨论会。

A. 讨论法　　B. 问卷调查法　　C. 面谈法　　D. 观察法

24. (　　)即"推广",受训者理解培训成果转化的基本方法,掌握培训目标中要求的最重要的一些特征和一般原则,同时也明确这些原则的适用范围。

A. 依样画瓢　　B. 举一反三　　C. 融会贯通　　D. 自我管理

25. 在(　　)中,教师按照事先准备好的材料,通过语言系统向参与培训者传授知识,同时辅以教师提问和学员作答。

A. 视听教学法　　B. 工作指导法　　C. 课堂讲授法　　D. 关键事件法

得　分	评卷人

二、多项选择题。(本大题共5小题,每小题1分,共5分)

26. 以下属于人本主义代表人物的是(　　　　)。

A. 马斯洛　　B. 罗杰斯　　C. 凯利

D. 诺尔斯　　E. 麦克鲁斯基

27. 培训费用可以从以下哪几个方面分别进行计算(　　　　)。

A. 场地费　　B. 食宿费　　C. 培训器材、教材费

D. 培训相关人员工资与外聘教师讲课费　　E. 交差旅费

28. 角色扮演法的步骤有(　　　　)。

A. 准备阶段　　B. 开始阶段　　C. 扮演阶段

D. 成熟阶段　　E. 结束阶段

29. 影响培训成果转化的因素包括(　　　　)。

A. 培训成果转化的气氛　　B. 培训课程的设计　　C. 受训者的特性

D. 培训的时效性　　E. 激励机制

30. 对培训项目的效果进行分解的方法有(　　　　)。

A. 使用控制组　　B. 使用趋势曲线　　C. 预测分析法

D. 关键事件法　　E. 主观分析法

第二部分　非选择题

得　分	评卷人

三、填空题。(本大题共5小题,每小题1分,共5分)

31. ________是管理的重点,是在总体目标既定的前提下的具体实现。

32. ________是在人的先天生理基础上,受后天的教育训练和社会环境的影响,通过自身的认识和社会实践逐步养成比较稳定的身心发展的基本品质。

密　封　线　内　不　要　答　题

33. 培训过程中的风险主要有：成本风险、质量风险和________。

34. ________理论是由桑代克和伍德沃德提出来的，该理论认为培训成果转化取决于培训任务、材料、设备和其他学习环境与工作环境的相似性。

35. ________是为了获得某种预期的收益和服务而必须付出的代价。

得　分	评卷人

四、名词解释。（本大题共5小题，每小题3分，共15分）

36. 员工关系管理

37. 单项培训计划

38. 课程设计

39. 专业技能

密　封　线　内　不　要　答　题

40. 企业内部培训

得　分	评卷人

五、简答题。（本大题共5小题，每小题6分，共30分）

41. 简述国内企业员工培训存在的主要问题。

42. 简述培训需求分析 Goldstein 模型的局限性。

43. 简述受训者应履行的职责。

44. 简述培训后的风险。

45. 简述营造支持性的工作环境的内容。

得　分	评卷人

六、论述题。(本大题共2小题,每小题10分,共20分)

46. 试论制订员工培训计划的步骤。

47. 试述网络培训的优缺点。

密　封　线　内　不　要　答　题

密 封 线 内 不 要 答 题

准考证号:________ 姓名:________ 座号:________

员工培训管理
冲刺押题试卷(一)

(考试时间:150 分钟)

题 号	一	二	三	四	五	六	总分
题 分	25	5	5	15	30	20	
得 分							

第一部分 选择题

得 分	评卷人

一、单项选择题。(本大题共 25 小题,每小题 1 分,共 25 分)

1. 以下不属于影响培训迁移的主要变量的是(　　)。

A. 迁移结果　B. 迁移动机　C. 迁移设计　D. 迁移气氛

2. 以下不属于战略分析的主要层次的是(　　)。

A. 组织优先权的改革　B. 绩效评估　C. 人事预测　D. 组织态度

3. (　　)是对某一基准值设定一定的比率来决定培训经费预算额的方法。

A. 传统预算法　B. 零基预算法　C. 比较预算法　D. 比例确定法

4. 培训管理费用可以参照(　　)等管理部门的管理费用。

A. 决策　B. 人力资源　C. 营销　D. 财务

5. (　　)知识结构是指一个具体的组织对其成员在知识结构上有一个总的要求。

A. 宝塔型　B. 蜘蛛网型　C. 幕帘型　D. 星型

6. (　　)重点描述作为职业人员顺利完成工作所必须具备的专业知识和能力。

A. 思想素质　B. 专业素质　C. 行为素养　D. 文化素质

7. 在进行员工培训课程设计时,最后一个步骤是(　　)。

A. 明确课程目标　B. 进行课程整体设计

C. 确定课程目的　D. 进行课程总体评价

8. (　　)原则要求企业在选择培训方法时,要根据企业的实际情况包括企业现有的培训设施、培训预算和人力资源管理部门的综合能力等因素综合考虑。

A. 科学性　B. 可行性　C. 以人为本　D. 目标导向

9. (　　)是在培训教师的引导下,受训者围绕一个或几个主题进行讨论,相互沟通、相互启发、自由交流的培训方法。

A. 模拟法　B. 拓展培训法　C. 头脑风暴法　D. 讨论法

10. (　　)是指通过卫星、有线电视和光纤网络等设备,运用多媒体技术和远程视频传输技术,在不同的地点进行文字、声音、高清影像的实时传输与沟通的远距离教学活动。

A. 拓展训练　B. 视听教学　C. 远程培训　D. 网络培训

11. (　　)是一种激发创造性思维的培训方法。

A. 模拟法　B. 案例分析法　C. 头脑风暴法　D. 讨论法

12. 在进行培训师选择时,要遵循(　　)原则,这样就可以更具有针对性,体现培训的实用性。

A. 突出重点　B. 择优聘用　C. 公开选拔　D. 量才适用

13. (　　)主要以流程和关键点的操作技巧为主,是新员工入职培训的重要组成部分,一般由部门专家组成讲师团队进行培训。

A. 团队类培训　B. 公司经营类培训　C. 业务类培训　D. 基础管理类培训

14. (　　)指评估者在培训结束后亲自到受训者所在工作岗位上,通过仔细观察,记录培训对象在工作中的业绩并与培训前进行比较,以此衡量培训对受训者所起到的作用。

A. 工作态度调查表　B. 问卷调查法　C. 面谈法　D. 观察法

15. Phillips 的五层次 RIO 框架模型的第四层次评估是(　　)。

A. 学习　B. 在工作中的运用　C. 反应　D. 业务结果

16. 一般来说,劳动者能否顺利就业并取得成就,在很大程度上取决于个人的(　　)。

A. 文化素质　B. 职业素质　C. 工作经历　D. 工作经验

17. (　　)是在一个模拟真实的工作情境中,让受训者扮演情境中的角色,担任某一个职位,以这个角色身份来模拟性地处理工作事务,尝试用各种不同的方法解决问题,从而提高处理各种实际问题的能力。

A. 案例分析法　　B. 角色扮演法　　C. 头脑风暴法　　D. 模拟法

18. (　　)简单来说就是大局意识、协作精神和服务精神的集中体现。

A. 团队合作　　B. 团队精神　　C. 团队凝聚力　　D. 团队协作

19. 以下不属于企业培训预算中直接培训费用的是(　　)。

A. 场地费　　B. 由于培训而带来的机会成本

C. 交通差旅费　　D. 食宿费

20. (　　)主要对应于生产企业。

A. 发展创新　　B. 产品创新　　C. 技术创新　　D. 管理创新

21. 培训需求差距分析模型是由(　　)提出。

A. 弗兰克・吉尔布雷斯　　B. 弗雷德里克・泰勒

C. 汤姆・W・戈特　　D. 乔治・埃尔

22. 人本主义是20世纪末至60年代初在(　　)出现的一种重要的教育思潮。

A. 亚当斯　　B. 赫茨伯格　　C. 斯金纳　　D. 法约尔

23. 现代人力资本理论最终形成于(　　)。

A. 19世纪末至20世纪初　　B. 20世纪30—40年代

C. 20世纪50年代至60年代初　　D. 20世纪60年代中期至今

24. 员工培训管理的第二个流程是(　　)。

A. 员工培训需求分析　　B. 员工培训计划的制订

C. 员工培训的实施　　D. 员工培训效果的评估

25. (　　)是指培训组织者可以通过笔试方法来了解被培训者在培训前后,知识及技能的掌握方面有多大程度的提高。

A. 讨论法　　B. 笔试(测验)法　　C. 观察法　　D. 目标评价法

得　分	评卷人

二、多项选择题。(本大题共5小题,每小题1分,共5分)

26. 建构主义学习理论的主要观点有(　　　　)。

A. 知识观　　B. 教育观　　C. 学习观

D. 学生观　　E. 教学观

27. 影响和制约职业素质的因素很多,主要包括(　　　　)。

A. 受教育程度　　B. 实践经验　　C. 社会环境

D. 工作经历　　E. 自身的一些基本情况

28. 培训达不到应有效果的风险防范策略主要有(　　　　)。

A. 做好培训需求分析,合理制订员工培训计划　　B. 选择或培养合适的培训师

C. 做好培训的转化工作　　D. 做好培训效果评估工作

E. 建立绩效考核制度

29. 培训开始前具体事项的落实主要包括(　　　　)。

A. 检查培训后勤准备事项　　B. 备齐培训资料　　C. 落实各种培训费用

D. 确认并通知培训对象　　E. 做好自我准备

30. 企业培训预算中的直接培训费用主要有(　　　　)。

A. 场地费　　B. 食宿费　　C. 培训器材、教材费

D. 交通差旅费　　E. 培训相关人员工资与外聘教师讲课费

第二部分　非选择题

得　分	评卷人

三、填空题。(本大题共5小题,每小题1分,共5分)

31. 以胜任力为基本框架,通过对组织环境、组织变量与优秀员工关键特征来确定岗位的培训需求,是一种＿＿＿＿＿＿的分析方法。

32. ＿＿＿＿＿＿是企业在生产经营实践中逐步形成的某种文化观念和历史传统,共同的价值准则、道德规范。

密　封　线　内　不　要　答　题

密封线内不要答题

33. ________培训以流程和关键点的操作技巧为主，是新员工入职培训的重要组成部分。

34. 按照培训师的专业程度，可以将培训师分为专业人力资源培训师和________。

35. ________制度就是规定员工上岗之前和任职之前必须经过全面的培训。

得　分	评卷人

四、名词解释。（本大题共5小题，每小题3分，共15分）

36. 岗位能力

37. 员工培训风险

38. 培训投资成本

39. 团队合作

40. 培训预算

得　分	评卷人

五、简答题。（本大题共5小题，每小题6分，共30分）

41. 简述员工培训与绩效管理的关系。

42. 简述培训预算的实施详细步骤。

43. 简述新员工入职培训存在的问题。

44. 简述团队合作的表现。

45. 简述余力理论的核心论点。

得　分	评卷人

六、论述题。(本大题共 2 小题,每小题 10 分,共 20 分)

46. 试述企业整体培训计划费用预算时通常参考的内容。

47. 试述角色扮演法的优点和局限性。

密封线内不要答题

座号：________ 姓名：________ 准考证号：________

员工培训管理
冲刺押题试卷(二)

(考试时间:150 分钟)

题号	一	二	三	四	五	六	总分
题分	25	5	5	15	30	20	
得分							

第一部分 选择题

得分	评卷人

一、单项选择题。(本大题共 25 小题,每小题 1 分,共 25 分)

1. 以下属于根据员工培训对象不同划分的是(　　)。

A. 新员工培训　B. 全脱产培训　C. 企业内部培训　D. 在职在岗培训

2. (　　)即企业根据自身的需求,在社会上选择合适的培训机构对企业员工开展培训工作。

A. 全脱产培训　B. 在职培训　C. 企业内部培训　D. 外包式培训

3. 健康、积极向上的(　　)是保障企业良好有序运行的重要保证。

A. 员工素质　B. 企业文化　C. 经营理念　D. 员工关系

4. 20 世纪 60 年代中期至今,(　　)把企业看作一个开放的系统,员工培训只是企业系统中的子系统之一。

A. X—Y 理论　B. 人本理论　C. 系统管理理论　D. 需求层次理论

5. 诺克斯于 1980 年提出了(　　)。

A. 成人学习理论　B. 熟练理论　C. 培训迁移理论　D. 余力理论

6. 需求分析的核心在于从(　　)中确定培训的必要性及培训的内容。

A. 招聘　B. 需求　C. 甄选　D. 差距

7. 培训分析实施的第一个阶段是(　　)。

A. 培训需求分析的准备　B. 制订培训需求分析计划

C. 开展培训需求分析　D. 撰写培训需求分析报告

8. 以下不属于制定培训预算的原则的是(　　)。

A. 速度性　B. 准确性　C. 合作性　D. 经济性

9. 以下计划中,(　　)涉及的部门和人员较多。

A. 综合性培训计划　B. 专项培训计划　C. 长期培训计划　D. 短期培训计划

10. (　　)是企业或其他组织自觉地为其管理者或者潜在的管理者所提供的一系列学习、成长和变化的机会。

A. 工作素质培训　B. 工作技能培训　C. 岗位能力培训　D. 管理技能培训

11. 岗位专业技能本质上是人的(　　)。

A. 知识水平　B. 专业水平　C. 技能水平　D. 劳动能力

12. 人的素质中(　　)是主导。

A. 身体素质　B. 科学文化素质　C. 心理品格素质　D. 政治思想素质

13. 职业素质强调(　　),是职业化的必然结果。

A. 客观性　B. 主观性　C. 职业性　D. 经济性

14. 在进行员工培训课程设计时,首先要(　　)。

A. 明确课程的目标　B. 进行课程整体设计

C. 确定课程目的　D. 进行课程总体评价

15. (　　)是企业全体职工共同的价值准则。

A. 经营哲学　B. 企业价值观　C. 企业文化　D. 经营理念

16. (　　)适用于一般管理人员,对于需要专门管理技术的人员则缺乏适用性。

A. 工作指导法　B. 工作轮换法　C. 视听教学法　D. 考察法

17. (　　)即一定数量的受训者通过集体讨论,对于培训教师提出的话题各抒己见,尽可能多地发现问题、思考问题并提出不同的解决方案的过程。

A. 模拟法　B. 游戏法　C. 头脑风暴法　D. 讨论法

18. (　　)是指当受训者抽出时间参与培训,在培训时间段里,这些参与者有可能为企业创造的价值和收益。

A. 直接成本　　B. 机会成本　　C. 沉没成本　　D. 间接成本

19. 新员工入职培训需求(　　),主要是从组织要求的角度出发分析新员工对于组织这一层面都有哪些培训需求。

A. 组织分析　　B. 人员分析　　C. 工作分析　　D. 个体分析

20. (　　)是以信息加工模型作为其理论基础的,信息的存储与恢复是这一学习模型的关键因素。

A. 同因素理论　　B. 激励推广理论　　C. 系统管理理论　　D. 认知转化理论

21. 评估的(　　)原则是指评估人员在进行培训时,一定要坚持实事求是的态度,排除主观臆断,真实地反映出培训的客观效果。

A. 可靠性　　B. 相符性　　C. 客观性　　D. 连续性

22. (　　)是为了确定受训者从培训项目中所学到的技能和知识等在多大程度上转化为实际工作行为的改进。

A. 反应评估　　B. 学习评估　　C. 行为层面的评估　　D. 结果层次的评估

23. (　　)是目前培训效果评估模型中最具有影响力的,并被全球职业经理人广泛采用的一种评估模型。

A. CIRO 模型　　B. Phillips 的五层次 RIO 框架模型

C. Kaufman 的五层次评估模型　　D. 柯氏四层次培训评估模型

24. (　　)是指直接与受训者面谈,了解受训者在人格、行为特征、学习程度、工作能力与绩效等方面是否有变化,以评估培训效果。

A. 工作态度调查表　　B. 问卷调查法

C. 面谈法　　D. 观察法

25. Phillips 的五层次 RIO 框架模型的第二层次评估是(　　)。

A. 学习　　B. 在工作中的运用

C. 反应　　D. 业务结果

得　分	评卷人

二、多项选择题。(本大题共 5 小题,每小题 1 分,共 5 分)

26. 培训迁移理论把培训迁移过程划分为四个关键阶段,即(　　　　)。

A. 培训前动机　　B. 培训评估　　C. 学习

D. 培训绩效　　E. 迁移结果

27. 传统培训需求分析方法主要有(　　　　)。

A. 观察法　　B. 问卷调查法　　C. 面谈法

D. 资料分析法　　E. 经验判断法

28. 影响员工培训方法选择的因素有(　　　　)。

A. 时间安排　　B. 培训预算　　C. 培训对象

D. 企业文化　　E. 师资力量

29. 培训转化的观念障碍主要有(　　　　)。

A. 培训是一种员工福利　　B. 培训是中层管理者的事　　C. 培训是基层管理者的事

D. 培训是人力资源部门的工作职责　　E. 培训万能论

30. 柯克帕特里克提出,可以从以下几个方面来评估培训的效果,它们是(　　　　)。

A. 受训者的反应　　B. 学习成果　　C. 经营业绩

D. 工作行为　　E. 工作绩效

第二部分　非选择题

得　分	评卷人

三、填空题。(本大题共 5 小题,每小题 1 分,共 5 分)

31. 调研发现,越来越多的跨国公司开始采用＿＿＿＿＿＿模型来分析公司的人员分析培训与发展需求。

32. ＿＿＿＿＿＿是指岗位胜任者和绩效卓越者所需的实际操作技能。

密　封　线　内　不　要　答　题

密封线内不要答题

33. 新员工入职培训后的效果评估包括反应层面评估、学习层面评估、行为层面评估和__________。

34. 柯克帕特里克提出，可以从四个方面来评估培训的效果，即受训者的反应、学习成果、工作行为和__________。

35. 员工培训制度主要包括培训的法律和规章、培训的__________两个方面。

得　分	评卷人

四、名词解释。（本大题共5小题，每小题3分，共15分）

36. 培训计划

37. 工作技能

38. 工作指导法

39. 培训成果转化的气氛

40. 员工培训制度的内容

得　分	评卷人

五、简答题。（本大题共5小题，每小题6分，共30分）

41. 简述员工培训与员工关系管理的关系。

42. 简述营造有利于培训转化的工作氛围的途径。

43. 简述团队矛盾的化解方法。

44. 简述头脑风暴法的操作流程。

45. 简述单项培训计划费用预算编制依据。

得 分	评卷人

六、论述题。(本大题共 2 小题,每小题 10 分,共 20 分)

46. 试述编写培训计划书的注意事项。

47. 试论职业导师制在新入职员工培训中的应用应遵循的原则。

密 封 线 内 不 要 答 题

密 封 线 内 不 要 答 题

座号：______ 姓名：______ 准考证号：______

员工培训管理

冲刺押题试卷(三)

(考试时间:150 分钟)

题　号	一	二	三	四	五	六	总分
题　分	25	5	5	15	30	20	
得　分							

第一部分　选择题

得　分	评卷人

一、单项选择题。(本大题共 25 小题,每小题 1 分,共 25 分)

1. (　　)是指员工运用所学的知识解决实际问题的技巧和能力。

A. 素质　　B. 技能　　C. 认知　　D. 知识

2. 员工培训是人力资源管理的一个子系统,是一个有组织、有计划的过程。体现了员工培训的(　　)。

A. 系统性　　B. 针对性　　C. 目的性　　D. 统一性

3. (　　)建立了世界上第一所社会公认的私人职业学校。

A. 戴维特·克林顿　　B. 泰勒　　C. 梅奥　　D. 舒尔茨

4. 行为科学阶段,(　　)从生理学、心理学、社会学的角度进行了霍桑实验,测定影响生产效率的因素。

A. 泰罗　　B. 梅奥　　C. 舒尔茨　　D. 泰勒

5. 成人教育之父是(　　)。

A. 诺尔斯　　B. 舒尔茨　　C. 泰勒　　D. 梅奥

6. 培养团队精神,就是要使企业员工齐心协力,朝着同一个目标努力。这是指(　　)。

A. 激励功能　　B. 控制功能　　C. 凝聚功能　　D. 目标导向功能

7. 通过向受训者展示或播放图片进行培训的方法叫(　　)。

A. 专题讲座法　　B. 视听教学法　　C. 工作指导法　　D. 角色扮演法

8. 培训成果转化的第一个层面是(　　)。

A. 依样画瓢　　B. 举一反三　　C. 融会贯通　　D. 自我管理

9. 受训者能积极主动地运用所学知识和技能解决实际工作中的问题,而且能以自我激励的方式去思考培训内容在实际工作中的应用,属于(　　)。

A. 依样画瓢　　B. 举一反三　　C. 融会贯通　　D. 自我管理

10. 工作环境的特点可预测且稳定,如设备使用培训,适用于(　　)。

A. 同因素理论　　B. 激励推广理论　　C. 认知转换理论　　D. 激励保健理论

11. 工作环境不可预测,且变化剧烈,例如人际关系技能培训,适用于(　　)。

A. 同因素理论　　B. 激励推广理论　　C. 认知转换理论　　D. 激励保健理论

12. 各种类型的培训内容和环境,适用于(　　)。

A. 同因素理论　　B. 激励推广理论　　C. 认知转换理论　　D. 激励保健理论

13. 受训者学习培训内容愿望的强烈程度是(　　)。

A. 学习动机　　B. 受训者的能力

C. 受训者的知识　　D. 受训者的专业程度

14. 培训与开发的首要环节是(　　)。

A. 准备工作　　B. 收集培训需求信息

C. 培训需求分析　　D. 沟通

15. 培训成果转化的中间环节是(　　)。

A. 培训项目设计　　B. 收集培训需求信息

C. 培训需求分析　　D. 沟通

16. 在培训成果转化的过程中,有利于受训者之间互相帮助和互相激励的方法属于(　　)。

A. 建立学习型组织　　B. 行动计划

C. 多阶段培训方案　　D. 应用表单

17. 将培训中的程序、步骤和方法等内容用表单的形式提炼出来,便于受训人员应用的方法叫作(　　)。

A. 建立学习型组织　B. 行动计划　C. 多阶段培训方案　D. 应用表单

18. 培训效果评估的结果应该是可靠的,不应该具有很大的随意性。体现了(　　)。

A. 方向性原则　B. 相符性原则　C. 可靠性原则　D. 实用性原则

19. (　　)原则认为评估应该是长期的、连续的。

A. 方向性原则　B. 相符性原则　C. 可靠性原则　D. 连续性原则

20. 学习评估第二层次是(　　)。

A. 反应层次　B. 学习层次　C. 行为层次　D. 结果层次

21. 培训效果评估的最重要也最困难的层次是(　　)。

A. 反应层次　B. 学习层次　C. 行为层次　D. 结果层次

22. (　　)对培训作用的大小、受训者行为方式改变的程度及企业收益的多少给出数据分析,通过调查分析来阐述规律。

A. 定量评估法　B. 定性评估法　C. 笔试测验法　D. 目标评价法

23. 在制订培训计划时已经制订了具体的目标,在培训结束后将受训者的实际工作与既定的目标相比较,这种方法叫作(　　)。

A. 定量评估法　B. 定性评估法　C. 笔试测验法　D. 目标评价法

24. (　　)是指培训的货币收益和培训成本的比较。

A. 绩效效果　B. 技能效果　C. 收益分析　D. 投资回报率

25. 培训效果评估最常见的定量分析方法是指(　　)。

A. 绩效效果　B. 技能效果　C. 收益分析　D. 投资回报率

得　分	评卷人

二、多项选择题。(本大题共 5 小题,每小题 1 分,共 5 分)

26. 员工培训的形式,按培训内容分,有(　　　　)。

A. 技能培训　B. 知识培训　C. 企业文化培训

D. 工作态度培训　E. 思维培训

27. 传统的培训需求分析的方法包括(　　　　)。

A. 经验判断法　B. 资料分析法　C. 面谈法

D. 问卷调查法　E. 观察法

28. 企业培训预算的构成中,属于直接培训费用的有(　　　　)。

A. 场地费　B. 食宿费　C. 课时费

D. 差旅费　E. 机会成本

29. 岗位能力的构成要素包括(　　　　)。

A. 个性特征　B. 专业知识　C. 家庭背景

D. 工作经历　E. 工作经验

30. 员工培训过程中的风险包括(　　　　)。

A. 成本风险　B. 质量风险　C. 服务风险

D. 员工满意度　E. 收益风险

第二部分　非选择题

得　分	评卷人

三、填空题。(本大题共 5 小题,每小题 1 分,共 5 分)

31. 科学管理之父是指__________。

32. 制定培训预算的原则有速度性、准确性和__________。

密　封　线　内　不　要　答　题

33. 职业素质的主要特征有职业性、稳定性、内在性、整体性和________________。

34. 企业培训的起点是________________。

35. 按照培训师的国别分类,可将培训师分为________________。

得　分	评卷人

四、名词解释。(本大题共5小题,每小题3分,共15分)

36. 人力资本理论

37. 专题讲座法

38. 培训成果转化

39. 培训效果评估

密　封　线　内　不　要　答　题

40. 定性评估法

得　分	评卷人

五、简答题。(本大题共5小题,每小题6分,共30分)

41. 简述员工培训的意义。

42. 简述员工培训计划制订的影响因素。

43. 简述选择员工培训方法的原则。

44. 简述角色扮演法的优点。

45. 简述培训师应当具备的条件。

得　分	评卷人

六、论述题。(本大题共 2 小题,每小题 10 分,共 20 分)

46. 试述现代企业员工培训的发展趋势。

47. 试述新员工入职培训存在的问题。

参考答案

全真模拟试卷(一)

一、单项选择题。

1. C 2. B 3. D 4. A 5. C 6. B 7. A 8. C 9. D

10. C 11. C 12. D 13. D 14. B 15. A 16. C

17. A 18. D 19. C 20. A 21. A 22. B 23. D

24. C 25. B

二、多项选择题。

26. ABD 27. ABCDE 28. ABE 29. ABCDE

30. ACDE

三、填空题。

31. 薪酬管理 32. 缺口 33. 能力 34. 模拟情景

35. 经营业绩

四、名词解释。

36. 员工培训:就是组织为实现其目标,有计划地指导组织成员提升知识水平和劳动技能,并进行组织文化和价值观念的植入的人力资本投资过程。

37. 员工培训计划:是指从组织战略出发,在全面客观的培训需求分析基础上做出的对培训时间、地点、培训者等的预先系统设定和安排。

38. 工作轮换法:是指受训者需要在规定的一段时间内,变换工作岗位,从而获得不同岗位的工作经验的培训方法。

39. 头脑风暴法:即一定数量的受训者通过集体讨论,对培训师提出的问题各抒己见,寻找解决问题的方案的过程。

40. 培训效果评估:是指运用科学的理论和方法,通过数据分析企业和受训者从培训当中取得收益的情况,来衡量培训的有效性的过程。

五、简答题。

41. 答:(1)目的性;(2)针对性;(3)层次性;(4)灵活性;(5)系统性。

42. 答:(1)主体的多样性;(2)客体的多层次性;(3)核心在于从差距中确定培训的必要性及培训的内容;(4)方法的多样性;(5)结果的指导性。

43. 答:(1)超前性原则;(2)多元性原则;(3)技能性原则;(4)实践性原则;(5)灵活性原则。

44. 答:(1)具有经济管理类硕士以上学位;(2)丰富的实战经验;(3)独立的课程研发能力;(4)一流的授课效果;(5)良好的专业形象;(6)正面的客户反馈。

45. 答:(1)培训成果转化的气氛;(2)培训课程设计;(3)受训者的特性;(4)培训的时效性;(5)激励机制。

六、论述题。

46. 答:问题:(1)员工培训的观念存在偏差;(2)培训缺乏针对性;(3)培训缺乏系统性;(4)培训效果的转化程度低;(5)培训方法简单,员工积极性不高;(6)忽视员工综合素质培训。

对策调整:(1)认识到员工培训的重要性;(2)提高员工培训的科技含量;(3)重视培训需求分析;(4)建立相应的激励机制。

47. 答:(1)方向性原则;(2)相符性原则;(3)可靠性原则;(4)实用性原则;(5)连续性原则;(6)客观性原则;(7)可行性原则;(8)突出能力原则;(9)重视培训结果原则。

全真模拟试卷(二)

一、单项选择题。

1. A 2. D 3. B 4. A 5. C 6. B 7. C 8. D 9. B

10. A 11. C 12. D 13. D 14. C 15. B 16. D

17. C 18. A 19. B 20. A 21. A 22. C 23. A

24. D 25. B

二、多项选择题。

26. ABC 27. ABCDE 28. CDE 29. BCDE

30. ABCE

三、填空题。

31. 工作态度与思维 32. 迁移气氛 33. 战略层次

34. 生存发展 35. 组织绩效

四、名词解释。

36. 员工培训需求分析:是指在规划与设计每项培训活动之前,由培训管理部门采取各种方法和技术,对组织成员的目标、知识、技能等方面进行系统的鉴别与分析,从而确定培训的必要性及培训内容的过程。

37. 年度培训计划:是企业制定的年度员工培训方案,它以年为单位对企业当年的整体培训做出统筹性安排和规划。

38. 角色扮演法:是在一个模拟真实的工作环境中,让受训者扮演情境中的角色,担任某一个职位,以这个角色身份来模拟性地处理工作事务,尝试用各种不同的方法来解决问题,提高自己实际能力的过程。

39. 定量评估法:是对培训作用的大小、受训者行为方式改变的程度及企业受益的多少给出数据分析,通过调查统计分析来发现和阐述行为规律。

40. 员工培训制度:员工培训制度是直接影响与作用于培训系统及其活动的各种法律、规章、制度和政策的总和。

五、简答题。

41. 答:(1)提高员工的综合素质;(2)使企业适应外部环境的发展变化;(3)塑造企业文化;(4)改善企业绩效,提高企业竞争力。

42. 答:(1)能够帮助组织寻找问题和问题产生的原因;(2)能够帮助组织了解员工个人需求;(3)能够帮助组织了解员工的培训态度;(4)能够确定培训的内容;(5)能够提供培训素材;(6)能够使培训做到量体裁衣;(7)有利于控制培训成本的预算;(8)为培训效果评估做好准备。

43. 答:(1)项目名称要详细写出,不能含混不清;(2)培训策划者的名称应详细填写;(3)计划书应把培训的目的、要点以简短的几行字写出;(4)培训计划书的内容应该详细;(5)不要回避策划中出现的问题,写明有争议的全部项目;(6)写出实施培训计划书的注意事项。

44. 答:(1)安静的培训环境;(2)有学习氛围的环境;(3)有与教学形式内容相结合的环境;(4)有培训师与培训对象沟通的环境。

45. 答:(1)对实践机会进行测量;(2)提高管理者支持程度;(3)人力资源管理部门的督导;(4)建立受训员工联系网络;(5)创建学习型组织。

六、论述题。

46. 答:(1)人力资本理论把消费真正纳入了生产过程;(2)人力资本理论带来了资本理论、增长理论、收入分配理论的革命性变化;(3)人力资本理论使人在物质生产中的决定性作用得到复归;(4)人力资本理论促进了许多研究领域的发展和新理论的产生。

47. 答:(1)缺乏科学的需求分析基础;(2)重视投入忽视产出;(3)重视前期准备,忽视培训的监督与沟通。

全真模拟试卷(三)

一、单项选择题。

1. A 2. C 3. C 4. C 5. C 6. D 7. D 8. B 9. B

10. B 11. C 12. C 13. B 14. B 15. C 16. D

17. A 18. D 19. D 20. A 21. D 22. C 23. B

24. D 25. C

二、多项选择题。

26. ABCD 27. ABCDE 28. ACE 29. ABDE

30. ABCDE

三、填空题。

31. 人力资源规划 32. 组织态度 33. 培训项目运作费用 34. 课程结构 35. 过程评估

四、名词解释。

36. 培训:即培养和训练,指的是通过某种介入行为使目标对象的体力、智力、心理素质等多方面综合素质得到发展的活动。

37. 部门培训计划:主要是由部门负责人预先对本部门人力资源进行分析,整理出培训需求,结合部门的特色、未来发展的需要、部门拥有的资源等因素,制订出来的培训计划。

38. 团队凝聚力:是指团队对成员的吸引力,成员对团队的向心力,以及团队成员之间的相互吸引。

39. 培训效果评估标准:是指企业和培训管理人员用来评价培训成果的统一尺度和规范,要真实了解培训的效果,就必须制定合理的标准。

40. 计算机辅助培训:是借助计算机设备和在计算机上安装的相关应用软件,由计算机向受训者提出问题或要求,受训者通过键盘、触控屏幕或语音指令进行互动回答,再由计算机进行答案分析并提供反馈的一种培训形式。

五、简答题。

41. 答:(1)提高员工的综合素质;(2)使企业适应外部环境的发展变化;(3)塑造企业文化;(4)改善企业绩效,提高企业竞争力。此外,通过对员工进行培训一方面可以使员工能够及时掌握新的知识和技术,确保企业在现在和将来都能拥有高素质的人才队伍;另一方面可以营造一种鼓励员工学习知识和进行技能创新的良好氛围,更有助于提高企业的学习能力,增进企业的竞争优势。

42. 答:(1)人力资本理论把消费真正纳入了生产过程;(2)人力资本理论带来了资本理论、增长理论和收入分配理论的革命性变化;(3)人力资本理论使人在物质生产中的决定性作用得到复归;(4)人力资本理论作为一种有力的分析工具,促进了许多领域的发展和新理论的产生。

43. 答:(1)固定课程与灵活课程相结合;(2)必修课程与选修课程相结合;(3)以帮助员工进一步发展和提高为目的;(4)培训课程内容应分类设置。

44. 答:(1)收集评估所需的信息资料;(2)做出评估决策并进行评估规划;(3)制定评估方案;(4)实施评估方案;(5)编写评估报告;(6)培训效果评估的反馈。

45. 答:(1)拓展训练能够开发受训者的团队精神和合作意识;(2)拓展训练有利于企业员工综合素质的提高;(3)拓展训练通常包含一些冒险性行为,在特定环境下,许多受训者能够打破原有的行为方式,愿意做出行为的改变,从而抓住机遇,成功挑战并超越自我。

六、论述题。

46. 答:(1)对人力资本概念的论述。(2)人力资本投资均衡模型。(3)在职培训对收入、就业和其他经济变量的影响,除此之外,贝克尔对人力资本的贡献还表现在对抚养孩子的成本问题和人力资本投资回报率问题的研究。总之,贝克尔对人力资本理论的贡献在于,他注重微观分析,弥补了舒尔茨只注重宏观的缺陷,注意将人力资本投资理论与收入分配结合起来;其理论的不足之处在于,他沿用舒尔茨的人力资本概念,缺乏对人力资本本质的分析,也缺乏对人力资本全面的研究等。

47. 答:(一)从组织和培训部门看:(1)通过有效的评估,可以反映出培训对于组织的贡献,明确培训的投资收益比;(2)通过评估可以较为客观地评价培训者的工作。(二)从培训项目来看:(1)通过评估,可以对培训效果进行正确合理的判断,以便了解某一培训项目是否达到原定的目标和要求;(2)可以决定继续进行还是停止某个培训项目;(3)通过评估往往能发现新的培训需求;(4)可获得如何改进某个培训项目的信息;(5)通过培训效果评估,可以检查出培训的费用效益。

全真模拟试卷(四)

一、单项选择题。

1. D 2. B 3. C 4. C 5. A 6. C 7. A 8. C 9. B

10. D 11. B 12. B 13. A 14. B 15. A 16. B

17. A 18. D 19. B 20. A 21. C 22. C 23. B

24. A 25. D

二、多项选择题。

26. ABCDE 27. ABCD 28. ABCDE 29. ABCDE

30. BCDE

三、填空题。

31. 刺激强度 32. 胜任特征 33. 外储 34. 内部人员 35. 文化创新

四、名词解释。

36. 半脱产培训:是指参加培训的员工在参加培训的过程中,并不完全与工作岗位脱离,只需要每个培训周期拿出一部分工作时间来参与学习的培训形式。

37. 培训需求分析:是指在规划与设计每项培训活动之前,由培训管理部门采取各种方法和战术,对组织及成员的目标、知识、技能等方面进行系统的鉴别与分析,从而确定培训的必要性及培训内容的过程、为什么要培训、培训什么等问题,并进行深入探索研究的过程。

38. 团队精神:简单来说就是大局意识,协作精神和服务精神的集中体现,团队精神的基础是尊重个人的兴趣和成就,核心是协同合作,最高境界是全体成员的向心力、凝聚力。

39. 培训项目的效果:是指培训以后所达到的状态,以及企业或受训者从中获得的收益。

40. 创新:就是“建立一种新的生产函数”,即把一种从来没有过的关于生产要素和生产条件的新组合引入生产体系。

五、简答题。

41. 答:(1)员工培训能够给企业带来直接和间接的经济利益;(2)员工培训有利于企业保持竞争优势;(3)员工培训有利于提高员工的综合素质;(4)员工培训有利于提高员工的满意度和忠诚度;(5)员工培训有助于传播企业文化;(6)员工培训有助于培养整个企业的创新氛围和创新意识。

42. 答:员工培训与人员的招聘和甄选密切相关,员工培训的重要内容之一是入职培训。通过入职培训,企业向新进入企业的员工传达组织的精神文化和价值观念,了解组织的发展状况,教授基本的工作技能,使员工迅速地融入组织,减少陌生感和不安感,树立对组织的认同感,入职培训是员工上岗工作的前提和基础。

43. 答:(1)由于工作变化而产生的培训需求;(2)由于人员变化而产生的培训需求;(3)由于绩效变化而产生的培训需求。

44. 答:(1)进行工作动员;(2)筛选培训师候选人;

(3)对培训师的组成人员进行培训;(4)对培训合格的人员进行资格认证;(5)人力资源部将其培训师资格归档并录入人事档案,成为其绩效考核、晋升、薪酬评定等方面的依据。

45. 答:(1)比传统培训方法更具有灵活性;(2)现代化培训方法是传统培训方法的延伸,能够有效地提高培训效率,促进培训成果的转化;(3)现代化培训方法比传统培训方法的初期投入大,后期管理成本低。

六、论述题。

46. 答:(1)它保证不会遗忘主要任务;(2)它清楚说明了培训由谁来负责、培训责任的大小及所拥有的职权;(3)它规定了某项任务与其他任务的依赖关系,这样也就规定了工作职能上的依赖关系;(4)它是一种尺度,可用于衡量对照各种状态,最后则用于判断项目、管理者及各成员获得的成效;(5)它是用作监控、跟踪及控制的重要工具,也是一种交流和管理的工具。

47. 答:(1)调查培训结果时必须注意接受调查的受训者的代表性,必须保证他们能代表整个受训者群体回答评估者提出的问题,避免因调查样本缺少代表性而做出不符合实际的结论;(2)评估者(尤其是内部评估者)在撰写评估报告时要尽量实事求是,切忌过分美化和夸大评估效果;(3)评估者必须全面、公开地分析培训的整体效果,避免以偏概全;(4)评估者必须以一种圆熟的方式论述培训结果中的消极方面,避免打击有关培训人员的积极性;(5)当评估方案持续一年以上的时间时,评估者需要做中期评估报告;(6)要注意报告的格式、文字表述与修饰。

全真模拟试卷(五)

一、单项选择题。

1. C 2. C 3. A 4. A 5. B 6. C 7. C 8. A 9. B 10. D 11. D 12. C 13. B 14. C 15. B 16. B 17. D 18. C 19. B 20. B 21. C 22. D 23. B 24. D 25. C

二、多项选择题。

26. ABC 27. ABCDE 28. CDE 29. ABCDE 30. CDE

三、填空题。

31. 外包式培训 32. 胜任力特征 33. 培训管理费用 34. 课堂讲授法 35. 培训效果

四、名词解释。

36. 新员工培训:即一般意义上的入职培训,它是有计划、有系统地向新员工介绍工作职责、组织期望、政策、组织流程及组织文化的方法。

37. 年度培训计划:是企业制定的年度员工培训方案,它以年为单位对企业的当年的整体培训做出统筹性安排和规划。

38. 员工文化素质:是指员工通过学习、训练而真实掌握并能在日常行为中运用,展现出来的科学、技术、文化知识和包括道德品质修养、健康人格与心理、社会生活常识与经验等在内的人文知识、意识、思维的总和。

39. 工作轮换法:是指受训者需要在规定的一段时间内变换工作岗位,从而获得不同岗位的工作经验的培训方法。

40. 人际技能:是指把握与处理人际关系的有关技能,即理解、动员、激励他人并与他人共事的能力。

五、简答题。

41. 答:(1)服务于企业战略规划的原则;(2)与实践相结合的原则;(3)按需培训原则;(4)目标导向原则;(5)长期性原则;(6)注重培训效果评估和转化的原则。

42. 答:(1)与人力资源管理的企业部门相互配合,共同促进企业战略目标的实现;(2)员工培训能够促进企业人力资源的升级;(3)员工培训能够促进企业员工职业生涯的发展。

43. 答:(1)利用调查、访问、分析找出企业所需要和所拥有的关键技术与关键能力;(2)建立追踪员工绩效表现的管理系统;(3)将技能盘点与培训、接班的人力资源系统结合;(4)切记技能盘点不是一次即可的解决方案,而是持续的过程;(5)不要期待立即出现奇迹似的变化。

44. 答:将考核的成绩纳入个人奖金发放的岗位责任范畴,根据考核成绩来确定奖金发放的情况,将考核的成绩作为个人升职的主要参考标准之一,同等条件下培训考核较好的优先给予升职,设立专项培训先进奖,可以是有形的物质奖励和无形的精神奖励,也可以因培训考核成绩优秀而放宽其他相关的条件要求。

45. 答:(1)设置培训课程;(2)讲解教学原则;(3)学习培训要领;(4)指导编写教学计划;(5)练习培训工具的使用;(6)训练培训技巧;(7)树立职业道德。

六、论述题。

46. 答:(1)培训需求分析能够帮助组织寻找问题和问题产生的原因;(2)培训需求分析能够帮助组织了解员工个人需求;(3)培训需求分析能够帮助组织了解员工的培训态度;(4)培训需求分析能够确定培训内容;(5)培训需求分析能够提供培训素材;(6)培训需求分析能够使培训做到量体裁衣;(7)有效的培训需求分析能够获得各个方面的协助;(8)培训需求分析有利于培训成本的预算和控制;(9)培训需求分析能够帮助组织建立信息资源库,为培训效果评估做准备。

47. 答:优点:(1)培训与实践相结合;(2)培训反馈及时;(3)互动性强,培训效果立竿见影。局限性:(1)培训的效果受培训教师影响较大;(2)按部就班的培训方法不利于培养员工的创新意识;(3)工作指导法往往只能够对受训者进行某一特定专业技能的培训,所学技能在特定岗位使用,不能适应工作环境和工作要求的变化。

全真模拟试卷(六)

一、单项选择题。

1. B 2. A 3. B 4. D 5. B 6. B 7. C 8. B 9. B 10. A 11. A 12. D 13. A 14. C 15. D 16. A 17. C 18. A 19. C 20. B 21. B 22. B 23. B 24. D 25. A

二、多项选择题。

26. CDE 27. ABCD 28. ABCDE 29. ABCDE 30. ABCDE

三、填空题。

31. 情境性 32. 特殊需求 33. 改进工作绩效 34. 经营哲学 35. 培训服务

四、名词解释。

36. 在职培训:是指不占用正常的生产工作时间,即参加培训的人员不离开工作岗位,通过边工作边学习的方式,或者利用工作之外的业余时间来进行培训,这种培训方式能够使培训与实际工作紧密结合,培训成本比较低。

37. 绩效管理:是管理者和员工双方就企业的目标及如何达到目标所达成共识,并促进员工成功达到目标的管理方法,绩效管理是各级管理者和员工共同参与的绩效计划制订、绩效考核评价、绩效结果运用的持续过程,是保证企业战略在人力资源管理中落实的重要工具。

38. 管理技能培训：是企业或其他组织自觉地为其管理者或者潜在的管理者所提供的一系列学习、成长和变化的机会，目的是让他们具备行使有效的管理职能所需要的知识、技能、能力、态度和积极性，从而能够适应企业面对的变化多端的环境，满足由此而引起的需要，实现企业的持续发展。

39. 远程培训：是指通过卫星、有线电视和光纤网络等设备，运用多媒体技术和远程视频传输技术，在不同的地点进行文字、声音、高清影像的实时传输与沟通互动的远距离教学活动。

40. 课程整体设计：是针对某一专题或某一类人的培训需求所开发的课程架构，课程单元设计是在进行课程整体设计的基础上，具体确定每一单元的授课内容、授课方法和授课材料的过程。

五、简答题。

41. 答：(1)早期学徒培训管理；(2)早期职业教育阶段；(3)工厂学校的出现；(4)培训职业与专业培训师阶段；(5)进入20世纪60—70年代，全球的发展进入知识经济时代，对人力资源的培训逐渐得到企业的重视；(6)20世纪80年代，组织的变革使培训领域发生了更大的变化，员工培训与开发协会召开了一系列国家级别的专门会议，讨论员工培训行业；(7)到20世纪90年代，协会又强调了员工培训的重要性。

42. 答：(1)认识员工培训的重要性；(2)提高员工培训的科技含量；(3)重视培训需求分析；(4)培训与实践相结合，建立相应的竞争机制。

43. 答：(1)新的技术的引进，如资料处理能力的提高使各种组织的结构、功能、性质等发生革命性改造；(2)财政上的约束，由于面临财政上的紧缺问题，各种层次的组织都把他们的规划削减到前所未有的程度，或者完全终止规划；(3)组织的撤销、分割或合并、部门领导人的意向；(4)各种临时性、突发性任务的出现，外部环境的变化，需要建立新的组织或改变原有的组织，以解决这些任务。

44. 答：优点：(1)课堂讲授对培训环境的要求不高，组织相对简单，易于操作；(2)性价比较高；(3)有利于教师发挥主导作用。局限性：(1)课堂讲授是一种单向教学，不利于调动受训者的学习热情和积极性；(2)单纯的课堂讲授不能提供实际的直观体验；(3)课堂讲授的针对性不强。

45. 答：(1)新员工通过逐渐熟悉、适应组织环境和文化，明确自身角色定位，规划职业生涯发展，不断发挥自己的才能，从而推动企业的发展；(2)对企业来讲，新员工未来选择如何在企业中表现，决定自己是否在企业发展，很大程度上取决于在最初进入企业的一段时间内的经历和感受，在此期间新员工感受到的企业价值观念，管理方式将会直接影响新员工在工作中的态度、绩效和行为，而这些因素和新员工入职培训的效果关系密切；(3)成功的新员工入职培训可以起到传递企业价值观和核心理念，以及塑造员工行为的作用。

六、论述题。

46. 答：(1)确认差距；(2)改变原有分析，从而适应内外环境的变化；(3)促进人事分类系统向人事开发系统转换；(4)提供可选择的解决问题的方法；(5)形成一个信息资料库，为培训后的效果评估做准备；(6)决定培训的成本与价值；(7)了解员工个人需求，为获得组织对培训的支持创造有利条件。

47. 答：(1)尊重每一个人；(2)凝聚团队共识；(3)完善领导技巧；(4)培育共同的企业价值观；(5)引导成员参与管理；(6)积极发现员工的共同领域；(7)唤醒危机意识和忧患意识；(8)营造相互信任的组织氛围；(9)要保持经常性的沟通。

全真模拟试卷(七)

一、单项选择题。

1. A 2. D 3. D 4. D 5. C 6. C 7. A 8. A 9. D
10. A 11. B 12. B 13. A 14. B 15. C 16. A
17. A 18. A 19. A 20. B 21. A 22. D 23. D
24. B 25. C

二、多项选择题。

26. ABCDE 27. CDE 28. ABCD 29. ABCD
30. ABCDE

三、填空题。

31. 培训迁移气氛 32. 人员分析 33. 劳动能力
34. 课程 35. 对企业本身

四、名词解释。

36. 员工培训：就是组织为实现其发展目标，通过有计划、系统的教学和指导活动，使组织成员的知识水平、劳动技能、心理素质得到提高并深入了解组织文化，树立价值观念的人力资本投资过程。

37. 薪酬管理：是根据企业的战略目标，对员工的薪酬支付原则、薪酬策略、薪酬水平、薪酬结构进行确定、分配、调整的过程。

38. 认知技能：是指纵观全局，把握关键，扎实谋事的能力，也就是洞察组织与环境及其之间的相互影响，以及复杂性的能力，包括理解事物的相互关联性，从而找出关键性影响因素的能力，确定和协调各方面关系的能力，权衡不同方案优劣和内在风险的能力。

39. 专题讲座：是指针对某一个专题知识或者热点问题，一般只安排一到两次培训，在较短时间内将有效的信息传递给大量的听众，这种培训方法适合于管理人员或技术人员了解专业技术发展方向或当前的热点问题。

40. 新员工入职培训需求分析：是指在规划与设计新员工培训活动之前，由培训部门、主管人员、工作人员等采用各种方法与技术，对新进员工的知识、技能等方面进行系统的鉴别与分析，以确定是否需要培训及培训内容的一种活动或过程。

五、简答题。

41. 答：人力资源规划是员工培训的基础和前提条件，人力资源规划能够为员工培训提供可靠的信息，包括员工供给和需求的数量，员工的晋升补充计划，员工在组织中的调整，明确某个部门需要某种技能的员工等，这些信息对于员工培训部门做出培训计划，甄选参与培训的人员，确定培训的内容和规模等具有重要的意义，同时员工培训通过对员工的技能、知识进行培训，增强员工综合素质，帮助员工在现任岗位晋升、调动等，在人力资源规划中承担更大的责任做准备。

42. 答：(1)做好培训需求分析的前期准备工作；(2)制订培训需求分析调整计划；(3)确定培训需求分析调整的内容；(4)培训需求分析调查的实施；(5)分析与输出培训需求结果。

43. 答：(1)对团队目标的认同与否；(2)利益分配是否合理；(3)团队成员对工作所产生的满足感；(4)优秀的领导者；(5)团队内部的和谐程度；(6)良好的信息沟通。

44. 答：(1)建立内部培训师队伍是人力资源培训与开发体系的重要组成部分；(2)充分利用内部培训力量能够有效地降低培训成本；(3)利用内部培训力量能够有效地加强开发与培训的效果。

45. 答：(1)设计游戏内容和游戏规则；(2)分组；(3)游

戏阶段;(4)在游戏结束后,培训教师对整个培训过程进行归纳和总结点评。

六、论述题。

46. 答:优点:(1)工作轮换能够丰富受训者的工作经验和工作经历,增加对企业业务部门和各项工作的了解,对今后从事跨部门、协调性的工作打下基础;(2)受训者能够通过工作轮换,充分明确自己的目标和喜好,发现自身的长处和弱点,最终在企业中找到适合自己的位置;(3)不同部门之间的人员流动能够打破各部门之间的界限,增加部门之间的协调性。局限性:(1)参与这类培训的人员在每个工作岗位停留的时间较短,对每个部门都有所了解,但了解往往停留在表面,不够深刻细致;(2)受训者每到一个新的工作岗位,对新的工作环境比较陌生,与其他人员的配合度欠佳,可能会影响到部门的工作效率;(3)工作轮换法鼓励"通才化",因此,培训对象的选择具有局限性,适用于一般管理人员,对于需要专门管理技术的人员则缺乏适用性。

47. 答:(1)团队内的沟通渠道比较畅通,信息交流频繁,成员之间觉得沟通是工作中的一部分,不存在沟通障碍;(2)团队成员的参与意识较强,人际关系和谐,成员间不会有压抑的感觉;(3)团队成员有强烈的归属感,并为成为团队的一分子而骄傲;(4)愿意把自己作为这个团队中的一分子,"跳槽"的现象相应减少;(5)团队成员间会彼此关心,互相尊重;(6)团队成员有较强的事业心和责任感,愿意承担团队的任务,集体主义精神盛行;(7)团队为成员的成长和发展、自我价值的实现提供了便利的条件,领导者、团队周围的环境,其他的成员都愿意为自身及他人的发展付出。

全真模拟试卷(八)

一、单项选择题。

1. D 2. B 3. D 4. C 5. C 6. D 7. A 8. B 9. A
10. A 11. D 12. A 13. D 14. A 15. D 16. C
17. A 18. D 19. D 20. D 21. C 22. C 23. C
24. B 25. A

二、多项选择题。

26. ABD 27. ABCDE 28. ABCDE 29. ABCDE
30. ABCDE

三、填空题。

31. 战略层次 32. 缺口 33. 时效性 34. 职业素质
35. 信息的存储与恢复

四、名词解释。

36. 全脱产培训:是指参与培训的员工在参加培训的时期内完全脱离工作岗位,全日制接受培训教育,在培训结束后,再继续回到工作岗位就职的培训方式,例如各单位委托培养的全日制硕士研究生就属于这种培训方式。

37. 素质:是在人的先天生理基础上,受后天的教育训练和社会环境的影响,通过自身的认识和社会实践逐步养成比较稳定的身心发展的基本品质。职业素质是指从业者在一定生理和心理条件基础上,通过教育培训、职业实践、自我修炼等途径形成和发展起来的,在职业活动中起决定性作用的、内在的、相对稳定的基本品质,职业素质强调职业性,是职业化的必然结果。

38. 课堂讲授法:是最基本,也是最传统的一种培训方法,在讲授法中,教师按照事先准备好的材料,通过语言系统向参与培训者传授知识,同时辅以教师提问和学员作答,课堂讲授法适用于讲授相关学科知识,对行业领域的前沿理论进行系统了解的培训,在这种培训方法下,授课老师的能力成为决定培训效果的关键因素。

39. 培训效果评估:是一个运用科学的理论、方法和程序,从培训项目中收集证据,了解企业和受训者从培训中取得的收益情况,以衡量培训是否有效的过程,其目的是为选择、购买、评价和调整各种培训项目,提供科学的决策依据,并为未来举办类似培训活动提供参考。

40. 外包式培训:即企业根据自身的需求,在社会上选择合适的培训机构对企业员工开展培训工作。

五、简答题。

41. 答:(1)人力资源规划;(2)招募和甄选;(3)培训与开发;(4)薪酬管理;(5)绩效管理;(6)员工关系管理。

42. 答:(1)员工培训的全员化、规范化、社会化;(2)员工培训的内容更加全面深入;(3)新技术广泛应用,培训方法多样化;(4)员工培训在企业战略规划中的地位不断提升。

43. 答:(1)培训的范围;(2)受训者的工作类型;(3)培训的规模;(4)培训场所;(5)培训时间;(6)培训方案的重复使用率;(7)培训费用;(8)培训人员。

44. 答:(1)领导层要从企业的发展战略角度对培训进行宏观上的把握和控制,特别是要解决好培训工作中各个职能部门的协调配合,培训的制度化,把握培训规模与培训目的和方向,以及把员工培训纳入公司用人体制等问题;(2)要落实具体人员专门负责员工培训工作,从各个方面保证培训工作所需要的条件;(3)做好培训规划工作;(4)根据公司的发展需要,确定员工培训政策和相应的制度条例。

45. 答:建立坚实的以人性脆弱为基础的信任,团队学员学会自如地、迅速地、心平气和地承认自己的错误、弱点、失败、求助,乐于认可别人的长处,识别虚假的和谐,引导和鼓励适当的、建设性的冲突,做出充分集中集体智慧的决策并坚定不移地行动。

六、论述题。

46. 答:(1)岗位专业技能本质上是人的劳动能力;(2)岗位专业技能要能够对财富的创造起贡献作用,即成为财富形成的源泉;(3)岗位专业技能还要能够被企业利用;(4)岗位专业技能分为个体技能和组织技能,个体技能是组织技能的基础,组织技能是个体技能的有机整合;(5)岗位专业技能按照其状态可划分为显现的专业技能和潜在的专业技能;(6)岗位专业技能的形成与发挥受许多因素的影响;(7)企业之间岗位专业技能是有差别的,这是因为企业之间对劳动技能的需求是不一样的。

47. 答:优点:(1)案例分析法的参与性强;(2)案例分析法能够培养多元化思维;(3)案例分析法能够提高受训者的综合能力。缺点:(1)案例的选择难度较大;(2)采用讨论的方法有可能导致群体思维,有些受训者可能会由于受训者性格内敛等原因不敢发表自己的真实观点,亦不敢对其他人的观点提出质疑和反驳;(3)案例培训法对培训教师的能力要求往往比较高,需要培训教师具有较好的引导、组织讨论的技巧。

全真模拟试卷(九)

一、单项选择题。

1. B 2. B 3. D 4. C 5. D 6. D 7. B 8. C 9. A
10. C 11. A 12. C 13. A 14. C 15. A 16. D
17. A 18. D 19. B 20. B 21. A 22. B 23. C
24. A 25. A

二、多项选择题。

26. ACE 27. ABCDE 28. BCDE 29. ABCDE

30. ABCD

三、填空题。

31. 培训迁移 32. 适用 33. 专业素养 34. 反应评估 35. 观察法

四、名词解释。

36. 人力资源规划：也叫人力资源计划，是指根据企业的发展规划和发展战略，通过对企业未来的人力资源的需求和供给状况的分析及估计，对人力资源的获取、配置、使用、保护等各个环节进行职能型策划，以确保组织在需要的时间和需要的岗位上，获得各种必需的人力资源的规划。

37. 培训计划表：是培训方案进入实施阶段的表现形式，是每项培训活动具体实施的时间表，其形式简明、直观，便于管理者安排培训活动和受训人员参加培训活动。

38. 案例分析法：是围绕一定的主题，通过向受训者讲授某个特定的案例，引导受训者对其进行讨论、思考和分析、共同探求解决问题的方案的一种培训方法。

39. 员工培训制度：是直接影响和作用于培训系统及其活动的各种法律、规章、制度和政策的总和，员工培训制度主要包括培训的法律和规章、培训的具体制度和政策两个方面。

40. 培训成果转化：就是指受训者持续而有效地将其在培训中获得的知识、技能和态度等运用于工作中，从而使培训项目发挥其最大价值的过程。

五、简答题。

41. 答：(1)随着个体的不断成熟，其自我概念将从依赖型人格向独立型人格转化；(2)成人在社会生活中积累的经验为成人学习提供了丰富的资源；(3)成人的学习计划、学习内容与方法，与其社会角色任务密切相关，即成人学习的任务主要是完善社会角色；(4)随着个体的不断成熟，学习目的逐渐从为将来工作准备知识，转变为直接应用知识而学习。

42. 答：(1)战略分析；(2)主要任务、目标分析；(3)职务分析；(4)业绩分析；(5)现存问题分析；(6)重大事件分析；(7)职业发展前瞻性培训需求分析。

43. 答：员工培训对于员工的收益在一定程度上可以通过薪酬表现出来，对于在培训中表现出色的员工，相关部门应当及时地予以反馈，可以通过加薪或者升职的方式来进行，使员工真正感受到在培训上花费的时间和精力确实得到了回报，反之，员工可能会认为自身的付出没有得到企业的认可，通过培训所得到的各项技能也不能有效地发挥作用，可能会导致员工对现有岗位的不满，出现离职的不稳定心态。

44. 答：(1)安静的培训环境；(2)有学习氛围的环境；(3)有与教学形式、内容相结合的环境；(4)有方便培训师与培训对象之间交流的环境。

45. 答：(1)导言；(2)概述评估实施的过程和方法；(3)阐明评估结果；(4)讨论、分析评估结果，并提出参考意见；(5)结论；(6)附录。

六、论述题。

46. 答：(1)培训计划要有针对性；(2)培训计划要有全面性；(3)培训计划要有层次性；(4)培训计划要有完整性；(5)注意投入与产出的分析；(6)获得高层管理层对培训的支持；(7)直线管理层对培训计划制订的参与。

47. 答：优点：(1)头脑风暴法能够有效地避免群体思维；(2)头脑风暴法中所讨论的内容通常与企业的日常经营相关；(3)参与性强。缺点：(1)头脑风暴法需要耗费较多的时间；(2)对培训教师的要求较高；(3)应用范围有限；(4)参与头脑风暴法的培训人数不宜过多，需求培训对象有一定的工作经验和知识素养。

全真模拟试卷(十)

一、单项选择题。

1. A 2. A 3. D 4. A 5. C 6. B 7. C 8. B 9. A 10. B 11. D 12. C 13. A 14. A 15. A 16. A 17. D 18. A 19. C 20. C 21. C 22. B 23. A 24. B 25. C

二、多项选择题。

26. ABC 27. ABCDE 28. ABCE 29. ABC 30. ABCE

三、填空题。

31. 单项培训计划 32. 素质 33. 服务风险 34. 同因素 35. 投资成本

四、名词解释。

36. 员工关系管理：是指在企业人力资源管理的过程中，管理人员通过制订相关政策，调节企业和员工、员工与员工之间的相互关系，从而促进组织目标的实现。

37. 单项培训计划：是管理的重点，是在总体目标既定的前提下的具体实现，单项计划一般包括培训的目的与目标、培训对象及类型、培训时间、培训地点、培训组织范围、培训方法与方式、培训教师、培训组织与培训后勤保障工作、培训计划的实施控制、培训管理规定、费用预算等。

38. 课程设计：是将要培训的课程主题、内容、形式风格及主要授课方法等，根据培训的对象特点、目标计划做预先的设计，形成既定思路并落实到文案上，由培训师在培训授课的过程中，坚决贯彻实施。

39. 专业技能：是掌握和运用专门职业技术的能力，它是通过练习可获得的并能够完成一定任务的动作系统。

40. 企业内部培训：是指企业拥有自己的培训团队和培训场所，具备必要的培训设施和系统，培训由企业自主举办。

五、简答题。

41. 答：(1)员工培训观念存在偏差；(2)培训缺乏针对性，培训项目脱离实际；(3)培训工作缺乏系统性；(4)培训效果的转化程度低；(5)培训方法简单，员工积极性不高；(6)忽视员工综合素质培训。

42. 答：(1)组织分析虽然考虑了企业战略，组织资源对培训需求的影响，但忽略了组织外部环境的影响；(2)人员分析主要集中在员工绩效现状与理想水平的差距上，关注的是员工“必须学什么”以缩小“差距”，而员工自身“想学什么”却没有重视；(3)该模型存在的最大问题就是具体分析方法的可操作性较低，不利于应用与普及。

43. 答：(1)积极配合企业人力资源管理部门，认真做好培训前的准备工作；(2)在接受培训的过程中，要积极参与培训中安排的一切活动，认真完成培训师和培训管理者布置的学习任务，积极协助培训讲师进行培训；(3)在培训结束时，要积极配合培训管理者，认真评价培训师的培训水平与质量，客观地提出自己的评价意见，同时做好自己的学习总结；(4)在培训结束回到工作岗位后，要努力将所学的培训内容与自己的工作岗位相结合。

44. 答：(1)培训达不到应有效果的风险；(2)人才流失的风险；(3)为竞争对手培养人才的风险；(4)专有技术泄密的风险；(5)知识更新风险；(6)企业战略风险。

45. 答：(1)高层管理人员和部门管理人员的支持；

(2)直接主管的支持;(3)同事的支持;(4)下属的支持;(5)人力资源部门的支持;(6)培训师的督导与支持;(7)受训同伴的支持;(8)成果转化小组的支持。

六、论述题。

46. 答:(1)分析确定培训需求;(2)明确培训目的和目标;(3)确定培训对象;(4)确定培训内容;(5)确定培训方式;(6)选择培训师;(7)选择培训时间、地点;(8)明确培训组织人;(9)确定考评方式;(10)培训费用预算;(11)明确后勤保障工作;(12)编写培训计划。

47. 答:优点:(1)网络培训方便灵活,不受时间和空间限制;(2)网络培训的内容可以及时更新;(3)可以充分利用网络上大量的声音、图片和影像文件等学习资源,增强课堂教学的趣味性,提高受训者的学习效率;(4)网络给受训者与培训教师之间、受训者相互之间信息的传递与共享提供了便利。缺点:(1)网络培训通常采用多媒体的形式,需要储存大量的信息,对硬件设备的要求比较高,需要企业建立良好的网络信息传输系统;(2)网络培训更加适用于专业知识的学习,不是所有的培训项目都能够通过网络培训实现;(3)网络培训往往是利用受训员工的业余时间来进行,受训者参与培训的积极性不高;(4)网络培训一般是受训员工单独进行,完全依靠受训员工的自觉性和自我约束力,在学习过程中可能会感到单调枯燥。

冲刺押题试卷(一)

一、单项选择题。

1. A 2. B 3. D 4. B 5. C 6. B 7. D 8. B 9. D
10. C 11. C 12. A 13. C 14. D 15. D 16. B
17. B 18. B 19. B 20. B 21. C 22. C 23. B
24. B 25. B

二、多项选择题。

26. ACDE 27. ABCDE 28. ABCDE 29. ABCDE
30. ABCDE

三、填空题。

31. 战略导向 32. 企业文化 33. 业务类 34. 综合人力资源培训师 35. 岗前和职前培训

四、名词解释。

36. 岗位能力:是指在一个组织中绩效优异的员工所具备的能够胜任工作岗位要求的知识、技能、态度和经验。

37. 员工培训风险:可以界定为培训收益的不确定性或者培训后发生损失的可能性。

38. 培训投资成本:就是指培训项目的开发和由于员工的离职所发生的重新获得该员工所需要付出的代价。培训投资成本可分为直接成本和间接成本,实支成本和应付成本、原始成本和重置成本等不同类型。

39. 团队合作:是指一群有能力、有信念的人在特定的团队中,为了一个共同的目标相互支持、合作与奋斗的过程。

40. 培训预算:指的是一段时期(通常是一年)内,用于组织内培训及培训部门所需要的全部开支的综合。

五、简答题。

41. 答:绩效管理包括制订绩效计划、绩效考核、绩效反馈等环节,其中绩效考核和绩效改进与员工培训相对接,绩效考核能够反映企业员工的工作状态与工作效益,从而更好地确定要参与培训的人员,制订详尽有效的培训计划,同时,通过培训之后的培训效果评估的反馈信息,能够考察员工各方面素质是否通过培训得到了提升和改进,从而考察培训工作的作用和效果,并作为晋升和奖励的依据。

42. 答:(1)统计培训对象信息;(2)区分受训对象,合理划分投放比例;(3)确定内训和外训比例;(4)组建培训预算管理团队;(5)根据公司情况合理设定培训预算项目;(6)调查相应费用行情,合理规避费用风险。

43. 答:(1)培训内容简单;(2)培训观念出现偏差;(3)没有严格遵守培训程序;(4)培训缺乏相应的规范;(5)培训的执行力欠缺;(6)缺乏相应的评估机制;(7)监督机制缺失。

44. 答:成员密切合作,配合默契,共同决策和与他人协商,决策之前听取相关意见,把手头的任务和别人的意见联系起来,在变化的环境中担任各种角色,经常评估团队的有效性和本人在团队中的长处和短处。

45. 答:(1)生活余力可因能力增加或负担减少而增加,也可因负担增加能力减少而减少;(2)人们可以通过调整能力或负担来改变和控制余力;(3)能力与负担的比率是影响个体生活情境的重要因素;(4)当能力和负担相当时,生活情境是稳定的,当负担超出能力,或由于负担失去控制而超出能力的倾向难以逆转时,生活情境将变得十分脆弱,甚至崩溃。

六、论述题。

46. 答:(1)企业上年度培训费用总额;(2)企业本年度实际经营状况及战略发展目标;(3)企业年度发展目标、重点工作项目、重点培养对象、关键事件、年度培训计划;(4)结合企业理念的销售额、利润额、营业额,参照一定比例来提取培训费用;(5)根据企业组织的培训需求分析来计算培训经费;(6)参照同行业企业的人均培训费用,确定本企业的培训预算。

47. 答:优点:(1)参与性强;(2)角色扮演中特定的模拟环境和主题有利于增强培训效果,使受训者能够较快适应新的工作环境,学习新的工作任务和工作技能,更好地适应实际工作的要求;(3)在角色扮演过程中,受训者之间需要交流、沟通与配合。有利于增强受训者之间的感情交流,培养人际沟通、自我表现等社会交往能力;(4)在角色扮演的过程中,管理者能够发现不同受训者解决问题的能力和交往合作能力,了解受训者的个性特征。局限性:(1)模拟的场景和角色是人为设计的,往往具有局限性,不能完全代表现实工作环境的复杂多变性;(2)培训的效果因人而异;(3)角色扮演中的场景和任务是固定的,扮演者必须按照事先设定好的角色进行活动,限制了受训者的发展空间和创新行为。

冲刺押题试卷(二)

一、单项选择题。

1. A 2. D 3. D 4. C 5. B 6. D 7. A 8. A 9. A
10. D 11. D 12. D 13. C 14. C 15. B 16. B
17. C 18. B 19. A 20. D 21. C 22. C 23. D
24. C 25. A

二、多项选择题。

26. ACDE 27. ABCDE 28. ABCDE 29. ABCDE
30. ABCD

三、填空题。

31. 胜任力特征 32. 工作技能 33. 结果层面评估
34. 经营业绩 35. 具体制度和政策

四、名词解释。

36. 培训计划：是指从组织的战略出发，在全面、客观的培训需求分析基础上做出的，对培训时间、培训地点、培训者、培训对象、培训方式和培训内容等的预先系统设定和安排。

37. 工作技能：是指岗位胜任者和绩效卓越者所需的实际操作技能，工作技能强调的是操作技能，也是实际动手、动笔的能力。

38. 工作指导法：即与传统的师傅带徒弟的方法类似，是由一位资历较深、经验丰富的指导者在工作岗位上对受训者进行培训的方法。

39. 培训成果转化的气氛：是指能够影响培训转化的所有工作上的因素，包括管理者的支持，同事支持网络、执行机会、技术支持，系统、应用所学技能的结果、企业的学习氛围等。

40. 员工培训制度的内容：指在培训制度中规定每年的培训时间、培训费用支出比例、培训和接受培训各个职能部门的工作职责等方面的内容，一般来说，企业的具体培训制度主要有基本的培训制度、岗前职前培训制度、培训奖惩制度。

五、简答题。

41. 答：健康、积极向上的员工关系是保障企业良好有序运行的重要保证，通过多种形式的相互信托，减少冲突，增强企业员工之间的感情纽带，树立通力合作、实现共同目标的信心。

42. 答：(1)对实践机会进行测量；(2)提高管理者支持程度；(3)人力资源管理部门的督导；(4)建立受训员工联系网络；(5)创建学习型组织。

43. 答：(1)需要包含个体的不同和达到集体的目标；(2)鼓励团队成员之间的支持和对抗；(3)注意业绩、学习和发展；(4)在管理者权威和团队成员的判读力、自治之间取得平衡；(5)维护三角关系。

44. 答：(1)明确提出所要解决的问题，问题往往只有一个；(2)规定一定的讨论时间，在这段时间内，受训者可以任意提出自己认为不同的解决问题的建议或方案，提出的观点越多越好；(3)由负责人对提出的方案进行记录；(4)对得出的分析结果还可以继续采用头脑风暴法进一步开展创造性的思维活动。

45. 答：(1)参考企业上年度本项培训活动的实际费用标准；(2)参考企业本年底实际经营状况、战略发展目标；(3)企业年度发展目标、重点工作项目、重点培养对象、关键事件、年度培训计划；(4)根据企业预定人均培训费用及员工人数计算单项培训费用；(5)根据某项培训活动具体采取的培训方式、方法及培训规模等。

六、论述题。

46. 答：(1)项目名称要详细写出，不能含糊不清；(2)培训策划者的名称应详细填写；(3)培训计划书应把培训目的、要点用简短的几行字写出，清楚地把其核心之处写于显眼地方；(4)培训计划书应内容详细，因为这是重点部分；(5)不回避策划中的问题，要将可能引起争论的项目全部列明，并阐述策划人的看法；(6)培训计划书是以实施为前提而编制的，通常会有许多注意事项，在编写时应将其提出来以供决策者作参考。

47. 答：(1)职业导师制应与企业的其他培训项目相互配合，形成统一的培训体系，从多个角度促进员工工作能力的提升；(2)在新员工导师制的辅导结束后，员工可以根据自身发展的需要选择继续由导师对其进行辅导；(3)新员工的导师由企业指定，而一个辅导阶段结束后，要由员工自行选择导师；(4)员工发展的不同阶段，要配备不同层级的导师；(5)企业应扩宽职业导师制的思路，构建双向的职业导师制。

冲刺押题试卷(三)

一、单项选择题。

1. B 2. A 3. A 4. B 5. A 6. D 7. B 8. A 9. D
10. A 11. B 12. C 13. A 14. C 15. A 16. A
17. D 18. C 19. D 20. B 21. D 22. A 23. D
24. D 25. D

二、多项选择题。

26. ABCDE 27. ABCDE 28. ABCD 29. ABDE
30. ABC

三、填空题。

31. 泰勒 32. 合作性 33. 发展性 34. 新员工入职培训 35. 国外培训师和国内培训师

四、名词解释。

36. 人力资本理论：舒尔茨是人力资本理论的构建者，被称为人力资本之父，他强调人力资本对经济增长起着重要作用，但仍需要医疗保健、在职培训等各方面的投资。

37. 专题讲座法：是指针对某一专题知识或者热点问题，一般只安排一到两次培训，在较短的时间内将有效信息传递给大量的观众，这种培训方法一般适用于管理人员和专业技术人员了解前沿科技，虽然是单向缺乏互动的，但是比较受欢迎。

38. 培训成果转化：是指受训者持续而有效地将其在培训中所获得的知识、技能运用到工作中去，使培训项目发挥其最大价值的过程。

39. 培训效果评估：是运用一个科学的理论方法，从培训项目中收集数据，了解企业和受训者取得收益的情况，衡量培训效果评估是否有效的过程。

40. 定性评估法：指评估者在调查研究，了解实际情况的基础上，根据自己的经验和相关标准，对培训效果做出评价。

五、简答题。

41. 答：(1)带来企业经济利益；(2)有利于企业保持竞争优势；(3)有利于提高综合素质；(4)提高员工忠诚度；(5)有利于传播企业文化。

42. 答：(1)培训的范围；(2)受训者的工作类型；(3)培训的规模；(4)培训的场所；(5)培训的时间；(6)培训的方案的重复使用率；(7)培训费用；(8)培训人员。

43. 答：(1)目标导向原则；(2)因材施教原则；(3)多元化选择原则；(4)以人为本原则；(5)科学性原则；(6)可行性原则。

44. 答：(1)参与性强；(2)特定的主题和环境有利于增强培训效果。

45. 答：(1)有取得良好培训效果的强烈愿望；(2)具有广博的知识和丰富的阅历；(3)极强的表达能力；(4)足够的耐心；(5)幽默感；(6)较强的人格魅力；(7)热情。

六、论述题。

46. 答：(1)员工培训的全员化、规范化、社会化；(2)内容更加全面深入；(3)新技术应用广泛，培训方法多样化；(4)员工培训在企业战略规划中的地位不断提升。

47. 答：(1)培训内容简单；(2)培训观念出现偏差；(3)没有严格遵守培训程序；(4)培训缺乏相应规范；(5)培训的执行力欠缺；(6)缺乏相应的评估机制；(7)监督机制缺失。